# 이슬람의 결혼문화와 젠더

엄익란 지음

한울
아카데미

국립중앙도서관 출판시도서목록(CIP)

이슬람의 결혼문화와 젠더 / 엄익란. – 파주 : 한울, 2007
 p. ;   cm. – (한울아카데미 ; 998)

참고문헌과 색인수록
ISBN  978-89-460-3850-9 93330

380.918-KDC4
390.0956-DDC21                              CIP2007003906

## 감사의 글

　내가 박사과정의 연구주제로 이슬람 세계의 결혼문화에 관심을 갖게 된 것은 순전히 개인적인 이유 때문이었다. 지금은 아이와 함께 행복한 가정을 이루며 살고 있으나 사랑하는 사람과 결혼에 이르기까지의 과정은 실로 십일 년이라는 세월이 걸렸다. 이 시간들이 현재는 소중한 추억으로 남아 있지만 당시는 인고의 시간이었고, 그 과정을 겪으며 결혼에 대해 그리고 인생에 대해 많은 것을 깨달았다. 가장 큰 깨달음은 결혼이란 서구의 로맨스 영화에서 묘사되는 것처럼 당사자 간 사랑이라는 감정만으로 성사되기에는 힘들다는 것이다. 비록 오늘날 결혼에 대한 가치관은 많이 변했으나 결혼이 성립되기까지는 여전히 한 사회의 관습과 전통, 종교, 양가의 이해관계, 남성과 여성에 요구되는 사회적 기대감 등이 중요한 변수로 작용하고 있다.

　나의 결혼에 대한 개인적인 경험은 가장 보수적인 사회로 알려진 중동 이슬람 사회 결혼문화의 현주소에 대한 궁금증을 자아냈다. 과연 우리처럼 세계화와 서구화에 노출되어 있는 중동 이슬람 문화권에서 결혼은 어떻게 진행될까? 남녀의 분리라는 이슬람의 가치가 여전히 중시되는 이슬람 문화권에서 젊은이들의 만남은 가능하긴 한 것인가? 이들의 전통적인 결혼문화는 세계화와 서구화의 영향으로 어떻게 변화되었는가?

중동 이슬람 지역의 결혼관은 유교문화권에 속해 있는 우리나라의 결혼관과 상당히 유사하다. 양 문화권에서 결혼은 성인이 되기 위해 반드시 거쳐야 할 통과의례로 간주된다. 따라서 사회 구성원은 일정 나이가 되면 결혼에 대한 사회적인 압력을 받는다. 또한 결혼은 개인적인 일로 간주되기보다 가족 전체의 일로 간주된다. 그렇기 때문에 모든 가족 구성원, 특히 양가 부모는 자녀의 결혼 결정에 상당히 깊게 개입한다. 이는 결혼은 당사자 간의 화합뿐만 아니라 가족 전체의 화합으로 인식되기 때문이다. 양 문화권 결혼문화의 또 다른 공통점은 체면을 중시하는 문화 때문에 이웃들에게 보여주기 위한 결혼을 한다는 것이다. 따라서 결혼식 장소와 대접되는 음식의 질, 양가가 서로 교환하는 혼수와 예물의 규모는 상당히 중요하게 간주된다. 이는 상대 가문의 수준을 간접적으로 보여주기 때문이다. 그뿐 아니라 전통적으로 결혼할 때 여성의 품행은 결혼의 중요한 요건이 된다. 여성의 품행은 결혼 첫날 밤 확인되는 정조와 처녀성을 통해 판단된다.

결혼에 대한 양 문화의 이러한 공통점은 연구과정에서 이슬람 사회를 한층 더 깊게 이해하는 데 많은 도움이 되었다. 이를 통해 그동안 서구인들의 잣대에 의해서만 평가되어왔던 이슬람 세계의 결혼문화를 우리의 시선으로 바라볼 수 있는 기회를 가질 수 있었다. 이러한 취지에서 이 책을 통해 그동안 독자들이 낯설게만 느꼈던 이슬람 지역의 문화를 좀 더 친숙한 문화로 인식하는 데 도움이 되었으면 한다. 이 책에서 다룬 이슬람 지역의 결혼과정은 무슬림 젊은이들의 배우자 탐색과정에서 결혼식 준비과정까지이다.

이 책에서는 무슬림 사회의 결혼문화가 서구화와 세계화의 영향으로 어떻게 변화해왔는지 현지조사에서 수집한 자료를 통해 세세히 보여준다.

본인의 박사논문이 책으로 출판되기까지 재정적으로 지원을 해준 한국학술진흥재단에 감사의 마음을 전한다. 아울러 이 글은 2006년 정부재원(교육인적자원부 학술연구조성사업비)으로 한국학술진흥재단의 지원을 받아 연구되었음(KRF-2006- 814-B00012)을 밝힌다.

마지막으로 박사논문이 저서로 출판되기까지 곁에서 아낌없이 격려해준 남편에게 감사의 마음을 전한다.

2007년 11월 30일
잠원동에서

# 차례

# 일 러 두 기

- 아 책에서 사용한 아랍어의 한국어 음가표기는 이집트 방언의 원음과 최대한 비슷하게 표현한 것이다.

- 이 책에서 사용한 영어의 아랍어 음가표기는 ALA-LC 로마나이제이션 방법을 적용한 것이다. 그러나 이집트 카이로에서 사용되는 아랍어 음가에 최대한 가깝게 표현하기 위해 아랍어의 j 발음은 g로 표기했으며, q 발음은 생략했다. 그리고 '아인'의 경우를 제외하고 모든 음성기호는 생략했다.

- 본문에서 출처를 약식으로 표기할 때, 단행본이나 논문은 '(저자명, 발행년도: 쪽)'으로 표기했고, 웹 자료의 경우는 (사이트명, [검색]년월)로 표기했다. 자세한 출처는 212쪽 참고문헌 목록을 참조할 수 있다.

제1장

# 중동 이슬람 지역과 젠더

## 1. 중동 이슬람 지역의 지리적 이해

작열하는 태양, 끝없이 펼쳐진 사막, 낙타와 대상 행렬, 석유, 사원과 길거리에서 줄지어 기도하는 무슬림들, 온몸을 검은 천으로 가린 여성, 아라비안나이트.

사람들은 대부분 '이슬람', '중동', 혹은 '아랍'이라는 단어와 함께 위와 같은 이미지를 연상한다. 그리고 중동이나 아랍 지역을 이슬람의 종교적 특징만을 보이는 단일 문화권으로 이해한다. 그래서 우리는 중동 지역을 지칭할 때 곧잘 아랍 지역 혹은 이슬람 지역과 서로 혼용해왔다. 이는 엄연히 잘못된 것이다. 세 지역의 개념은 서로 다르다. 이슬람 지역이 무슬림들이 많이 분포된 지역의 종교적인 특징을 나타내기 위해 사용되는 용어라면, 중동 지역은 유럽을 기준으로 그 동쪽에 위치한 지역의 지정학적인 특징을 지칭하는 용어이고, 아랍 지역은 그 지역에 거주하는 사람들의 민족적·문화적인 특징을 나타내는 용어이다. 좀 더 자세히 설명하면, 이슬람 지역은 중동과 아랍 지역을 포괄하는 광의의 개념으로 사용되며, 무슬림들이 많이 분포되어 있는 지역을 지칭한다. 오늘날 무슬림은 전 세계 약 57개국에 약 16억이 분포된 것으로 추정되며 그 수는 점점 더 증가하는 추세다. 무슬림 인구가 증가하는 가장 큰 요인으로는 개종과 출산율이 있다.

이슬람은 크게 수니(Sunni)와 시아(Shia), 두 종파로 나뉜다. 수니 무슬림은 전체 무슬림 인구의 약 90%를, 시아 무슬림은 약 10%를 차지하며, 지리적으로 시아 무슬림은 주로 이란, 이라크, 바레인, 쿠웨이트와 그 주변국에 분포되어 있다.

수니와 시아 무슬림이 서로 나뉘게 된 역사적 배경은 예언자인 사도 무함마드의 사망 이후 칼리파 직(職) 승계에 대한 논쟁에서 비롯된다. 후계자를 둘러싼 두 종파의 가장 큰 견해차는 혈통과 선출이다. 시아 무슬림은 예언자의 혈통인 알리(Ali)와 그 후손들의 칼리파 직 승계만을 인정한다. 이들은 예언자의 혈통만이 진정한 움마(ummah: 이슬람 공동체)의 지도자가 되어야 타당하다고 본다. 반면 수니 무슬림은 선출에 의해 추대된 모든 움마의 지도자를 인정한다. 칼리파 직 승계에 대한 수니파와 시아파 간 의견차와 이로 인한 양 분파 사이의 갈등은 오늘날까지 여전히 계속되며, 이는 중동 지역에서 종종 테러와 내전의 양상으로 나타나기도 한다.

이슬람 지역이 가장 광의의 개념이라면 아랍 지역은 가장 협소한 개념이다. 아랍은 셈 족이라는 인종학적 정의에 언어적·문화적·역사적 의미가 함축된 개념이다. 따라서 중동 지역 국가 중 인종적으로나 문화적으로 아랍 민족과는 이질적인 이란의 페르시아 민족, 이스라엘의 유대 민족, 터키의 터키 민족은 아랍 국가의 범주에 포함되지 않는다. 비록 아랍인의 정의가 셈 족을 주류로 하는 인종학적 개념에 기초하지만 그렇다고 이것이 모든 아랍인이 하나의 핏줄을 공유하는 단일민족이라는 의미는 아니다. 순수한 아랍인의 혈통은 존재하지 않는다. 역사적으로 아랍은 타 문화의 지속적인 침략을 받아왔다. 그 과정에서 아랍은 그리스·로마 제국, 비잔틴 제국과 사산제국, 오스만 터키 제국, 몽골제국, 그리고 근대에 들어서는 영국과 프랑스를 포함한 서유럽 국가와 접촉을 했으며, 자연스럽게 타 문화권 사람들과 섞이게 되었다. 게다가 아랍은 이슬람 문명의 부흥기에 동양과 서양의 연결 통로인 실크로드 무역로를 통해 다양한 문화와 접촉을 했다. 따라서 아랍인들이 믿고 있는 아랍인의 정체성은 혈연에 의한 것이라기보다 이슬람교를 믿고 아랍어를 사용하며 스스로를 아랍인이라고 믿는 사람들의 문화공동체를 지칭한다. 오늘날 일반적으로 지칭되는 아랍 지역이란 1945년 창설된 아랍연맹 회원국 22개 국가를 포함한다. 여기에는 아라비아 반도의 산유국인 사우디아라비아, 바레인, 쿠웨이트, 오만, 카타르, 아랍에미리트, 예멘, 이라크, 비옥한 초승달 지역의 요르단, 레바논, 시리아, 팔레스타인 자치지역, 북아프리카 지역의 이집트, 알제리, 리비아, 모로코, 튀니지, 사하라 이남 지역의 코모로스, 지부티, 모리타니와, 소말리아, 수단이 있다.

그렇다면 중동 지역은 어떻게 정의될까? 중동이란 단어는 언제부터 사용되어왔고 어디에서 유래된 것일까? 19세기 서구에서 편찬한 아틀라스 세계지도에는 오늘날 중동이라고 지칭되는 지역은 없었다. 우리에게 알려진 중동 지역, 그리고 그 범주 안에서 주권을 갖는 국가의 개념은 20세기 초반 이 지역을 지배해온 오스만 제국의 해체와 함께 근대에 들어 만들어진 개념이다. 중동이란 단어는 1902년 영국 해군이 걸프 지역을 지칭하기 위해 처음으로 사용한 군사 전략적인 용어이다. 당시 영국은 카스피 해(海)에서 강화된 러시아의 영향력과 베를린과 바그다드를 연결하는 철도공사를 진행하려

이슬람 지역 지도와 수니/시아 무슬림 분포도

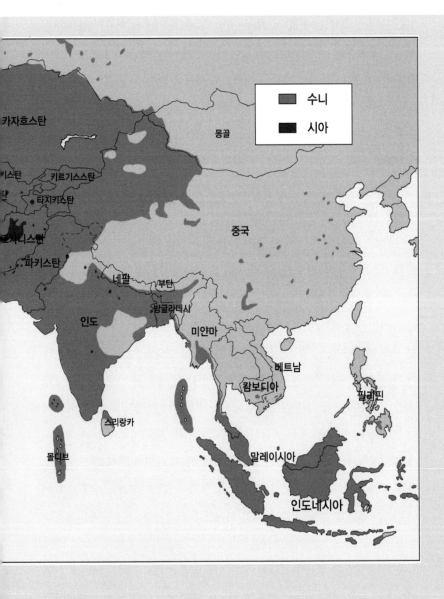

카자흐스탄

키르기스스탄

타지키스탄

파키스탄

인도

스리랑카

몰디브

몽골

중국

네팔

부탄

방글라데시

미얀마

베트남

캄보디아

필리핀

말레이시아

인도네시아

| | 수니 |
| --- | --- |
| | 시아 |

했던 독일을 견제한 바 있다. 이 용어가 처음으로 사용된 역사적 배경이 암시하듯 중동이란 단어는 중동 지역에 거주하는 사람들이 타 지역에 사는 사람들과 자신을 구분하기 위해 자의적으로 사용한 단어가 아니다. 중동은 유럽이 군사전략적 차원에서 유럽의 남쪽에 위치한 아시아 지역을 지칭하기 위해 고안한 단어이다. 다시 말하면 중동이란 용어의 의미 뒤에는 중동을 타자화한 유럽 중심의 사고관이 내재되어 있는 것이다. 이렇게 만들어진 용어는 언론과 잡지에 자주 등장했고, 시간이 지나면서 결국 오늘날에는 이 지역을 지칭하는 고유명사로 고착되었다.

서구로부터 독립 후 건국된 중동 지역에서 국경선은 각 국가가 서로의 역사적 · 문화적 · 언어적 · 민족적 특징을 고려하며 합의를 통해 만든 것이 아니다. 한 국가에 속한 국민들의 정체성 또한 자율적으로 생성된 것이라기보다 타자인 서구 열강의 이익에 의해 타의적으로 만들어진 것이다. 바로 이런 이유 때문에 중동 지역은 세계의 화약고라고 명명될 정도로 끊임없는 국가 간 분쟁과 내전으로 점철되었다. 오스만 터키 패망 후 이 지역의 초강대국이 사라지자 서구 열강은 중동 지역의 패권을 장악하기 위해 앞 다투어 이 지역에 진출했다. 서구는 자신의 이익을 위해 중동 지역의 각 부족장이나 지도자와 이중, 삼중으로 계약을 맺기도 했다. 이렇게 해서 탄생한 나라가 중동에서는 가장 이질적인 국가로 간주되는 이스라엘이다. 영국은 1914년부터 1916년까지 사우디아라비아 히자즈 지역의 통치자인 후세인과 십여 차례 이상 서한을 교환하며 아랍이 영국을 지원할 경우 후세인의 지도하에 아랍 칼리파 제도 재구축 지원을 약속한 바 있다. 이를 후세인 - 맥마흔 선언이라 부른다. 그리고 이스라엘과는 1917년 발포어 선언을 통해 팔레스타인 지역 내 이스라엘 건국을 약속한 바 있다. 또한 영국과 프랑스는 1916년 러

시아의 묵인하에 사이코스 - 피코 비밀협정을 맺어 중동 지역을 자신들의 진출 전략에 맞게 다섯 개 지역으로 분할해 각각 통치한다는 계획을 세웠다. 이처럼 중동 각 지역의 특색을 무시한 채 서구 열강에 의해 일방적으로 만들어진 중동 지역의 인위적인 국경선은 오늘날까지도 이 지역의 평화를 요원하게 만드는 한 요인이 되고 있다.

중동 지역을 타 지역과 구분하는 지리적 경계선은 애매모호하다. 지리적으로 북아프리카에 위치한 국가와 소련 해체 이후 독립한 중앙아시아의 신생독립국을 중동 지역에 포함시키는 문제에 대한 입장이 아직까지 확고하게 정립되지 않았기 때문이다. 그럼에도 불구하고 일반적으로 알려진 중동 지역의 범위는 동쪽으로는 아프가니스탄, 서쪽으로는 모로코, 남쪽으로는 아라비아 반도, 북쪽으로는 터키 지역을 포함하고 있다. 구체적으로는 아랍연맹 22개국과 이스라엘, 이란, 터키를 포함한 비(非)아랍 국가 3개국을 포함하고 있다.

이처럼 이슬람 지역, 중동 지역, 아랍 지역은 서로 다른 개념이기 때문에 이를 혼용하는 것은 바람직하지 못하다. 또한 이 지역을 단일한 이슬람 문화권으로 보는 것도 무리이다. 지리적으로 볼 때 이슬람 지역에는 중동 지역이나 아랍 지역과는 문화적으로 다른 인도네시아와 말레이시아를 비롯한 동남아시아의 이슬람 국가와 중국과 중앙아시아의 일부 지역이 포함되며, 중동 지역에는 아랍 국가와 문화적 · 정치적으로 이질적인 이란, 터키, 이스라엘이 포함되기 때문이다. 종교 면에서 중동 지역 사람들은 대부분 이슬람을 믿고 있지만 이 지역에는 기독교, 유대교, 그리스 정교, 가톨릭, 기타 소수 종교가 있으며, 민족적으로는 아랍인, 터키인, 페르시아인, 유대인, 아르메니아인, 쿠르드인, 베르베르인, 그 밖의 소수 인종이 있다. 언어 또한 아랍어, 터키어, 이란어, 쿠르드어, 베르베르어, 히브리어, 기타 소수 언어가 공존하고 있다. 중동 국가들의 정치체제 또한 다양하다. 걸프 지역 국가들이 대부분 왕정체제를 유지하고 있는 반면 그 밖의 지역은 서구로부터 독립한 후 대통령제를 도입했다. 이들을 지배하는 국가의 이념 또한 국가가 처한 상황이나 시대적 요구에 따라 다양하게 나타난다. 예컨대 19세기 말부터 20세기 초반에는 서구의 식민정책에 대항하며 독립을 주창하는 민족주의 운동이, 20세기 중반에는 서구로부터 독립한 국가를 평등의 원칙에 따라 효과적으로 재건하기 위한 사회주의 운동이, 20세기 후반에는 서구화와 세계화의 구호 아래 추진된 개방정책과 그로 인한 부작용을 이슬람식 해법에서 찾기 위한 이슬람 부흥운동이 일어났다. 이처럼 다양하고 복잡한 중동 지역을 획일적으로 이해해서는 안 되며 중동 이슬람 지역의 문제는 다양한 층위에서 접근해야 할 것이다.

## 2. 오리엔탈리즘과 중동 이슬람 지역 젠더의 이해

일반적으로 이슬람, 중동 혹은 아랍을 생각할 때 우리는 부정적인 이미지를 먼저 떠올린다. 중동 이슬람 지역에 대한 부정적인 이미지는 이 지역 여성에 대한 인식에서 더욱 확연히 드러난다. 무슬림 여성은 한편으로는 이슬람 문화권의 대표적인 관습인 히잡(베일) 착용, 여성들의 격리제도인 하렘(harem), 명예살인(honor killing), 일부다처제와 연관되어 남성에게 억압받는 열등한 제2의 성으로 인식되어왔다. 그러나 또 다른 한편으로 —— 극히 일부이기는 하지만 —— 보수적인 사회 분위기에서 억압받는 무슬림 여성의 이미지와는 완전히 상반된 매력적이고 관능적인 여성으로 인식되기도 한다. 이

전통 의상을 입은 무슬림 여성들(쿠웨이트)

외국인 관광객들을 위해 춤을 추는 밸리댄서(이집트)

는 무슬림 여성이 천일야화에 등장하는 배꼽춤을 추는 무희들의 관능적인 이미지, 혹은 베일에 가려 은근히 여성의 미를 발산하며 남성들을 유혹하는 에로틱한 이미지로 묘사되어왔기 때문이다. 이처럼 무슬림 여성의 이미지가 남성에게 억압받는 열등한 제2의 성으로 묘사되어왔든, 아니면 정반대로 에로틱하고 관능적으로 묘사되어왔든 그동안 무슬림 여성에 대해 부정적인 이미지를 생산해온 배경은 무엇인지 한 번쯤 생각해볼 필요가 있다.

에드워드 사이드(Edward Said: 1935~2003)는 —— 비록 여성문제에 대해 유독 침묵을 지켜 일부 페미니스트 학자들에게 비판을 받긴 했으나 —— 저서『오리엔탈리즘(Orientalism)』(1979)에서 서구인들에게 내재되어 있는 이슬람 문화권에 대한 부정적인 인식의 원인에 대한 해답을 제시하고 있다. 에드워드 사이드는 오리엔트 지역, 즉 동양을 중동 이슬람 문화권에만 한정하면서 오리엔탈리즘을 오리엔탈리스트들의 작품뿐만 아니라 서양인이 동양 또는 동양인에 대해 가지는 태도나 관념, 이미지, 그리고 동양의 성격, 스타일로 정의했다. 오리엔탈리즘이란 '오리엔트'에 '이즘'이 합성된 용어로 오리엔트, 즉 동양이 주체가 되어 만든 용어가 아니라 서양(당시 세계의 패권을 장악하던 유럽)이 주체가 되어 동양을 타자화해 만들어낸 서양의 동양에 대한 담론, 이미지, 그들의 반응과 태도를 의미한다(정진농, 2003: 13). 이처럼 오리엔탈리즘은 그 탄생부터 상당히 서구 중심인 개념으로, 타자화된 동양은 서양에 의해 관찰되고 연구되고 정의되는 수동적인 입장에 놓인다. 서구인들의 관점에서 정의된 동양의 이미지는 당시 서구를 지배하던 패러다임인 모더니즘의 이분법적 사고관에 의해 서구와 비교되었다. 이에 따르면 서양은 발달된 문명과 문화, 의학과 과학 기술, 군사시설을 바탕으로 한 능동적인 남성의 이미지로, 서양과 반대로 정의되는 동양은 자연적 · 비과학적 · 미신적 · 수동적인 여성의 이미지로 상징화되었다. 또한 당시 서구는 동양의 후진성에 대한 원인을 전적으로 이슬람이라는 종교에서 찾았기 때문에 이슬람은 서구의 비판 대상이 되어왔다. 서구의 동양에 대한 우월의식과 더불어 오리엔탈리즘은 서구 제국주의라는 정치적 목적에 이용되었다. 오리엔탈리즘에 입각해 서구는 우월하며 동양은 열등하다는 등식의 이데올로기를 형성했고 발전시켰다. 이는 결과적으로 중동 이슬람 지역에 대한 서구 열강의 식민정책을 용이하도록 만들었다. 즉, 서구는 제국주의 정책을 침략이라기보다 비문명적이고 야만적인 이슬람 지역에 대한 서구의 계몽과 해방 정책으로 인식하게 만들었다.

에드워드 사이드는 서양의 관점에서 본 여성적이고 부정적인 동양에 대한 오리엔탈리즘의 기원을 19세기로 보고 있다. 오리엔탈리즘의 형성은 동양을 여행한 여행객, 선교사, 언론인, 사진작가들, 그리고 제국주의 사상을 지닌 정치인을 포함한 유럽인들의 동양에 대한 묘사에서 비롯되었다. 대부분 서구 남성으로 구성된 당시의 오리엔탈리스트들은 실질적으로 무슬림 여성들과의 접촉이 거의 불가능했다. 그럼에도 불구하고 이들은 베일, 하렘, 일부다처제에 대해 자신이 전해 들은 이야기를 바탕으로 무슬림 여성에 대한 이미지를 상상해서 때로는 이야기로, 때로는 그림과 사진으로 재구성하여 본국으로 전했다. 결국 당시 유럽의 오리엔탈리스트들이 전한 무슬림 여성의 부정적이고 이국적이며 에로틱한 이미지는 획일화되고 일반화된 담론이 되었다.

무슬림 여성에 대한 부정적인 오리엔탈리즘 형성의 주체는 세계질서의 헤게모니 이동과 함께 변화했다. 즉 세계 제2차 대전 이후 무슬림 여성에 대한 오리엔탈리즘의 생산지는 유럽에서 새로운 강대국으로 등장한 미국으로 이동했다. 오리엔탈리즘을 전달하는 방법 또한 과학기술의 발달과 함께 다양해졌는데, 오늘날 오리엔탈리즘을 형성하고 전달하는 매체는 전통적인 그림, 사진, 책의 형태를 넘어 뉴스, 드라마, 오락산업, 영화로까지 확대되었고 이는 대량으로 생산되고 있다. 이러한 매체들이 전달하는 무슬림 여성에 대한 이미지는 시대의 변화에 따른 무슬림 여성들의 모습을 반영하기는커녕 여전히 19세기에 형성된 부정적이고 획일적인 인식의 틀을 벗어나지 못하고 있다. 20세기에 들어 정치와 경제 분야에서 활발한 활동을 하기 시작한 세계의 타 지역 여성들에 비해 무슬림 여성들은 여전히 공적 공간에서 격리된 것처럼 인식되고 있다. 따라서 이들은 불평등한 남성 중심의 가부장적 사회제도의 희생양 또는 남성에게 지배당하고 복종하는 획일적인 이미지로만 묘사되어왔다. 그러면 과연 21세기 무슬림 여성에 대한 올바른 인식은 어떻게 해야 하는가?

이슬람 지역은 현재 종교적·문화적·언어적·정치적으로 매우 다양하기 때문에 오늘날 무슬림 여성에 대한 이해 또한 다양성을 바탕으로 이해해야 한다. 다시 말해, 이슬람 지역 여성을 이해할 때 각 지역 '여성'에 대한 이해보다 '이슬람'에 대한 특수성에 주목해 이해하면 우리는 또 다른 오리엔탈리즘에 빠질 우려가 있다. 왜냐하면 무슬림 여성은 이슬람 지역에 거주하는 여성을 지칭하지만 이슬람 지역은 전 세계 약 57개국에 걸친 상당히 넓은 지역에 분포되어 있기 때문이다. 이슬람 지역에 포함되는 국가나 민족이 비록 유일신을 믿고 이슬람의 종교적 교리를 일상생활에서 이행하지만 이슬람 지역에 거주하는 무슬림 여성의 모습은 결코 동일하지 않다. 예컨대 여성 격리 문화의 경우, 사우디아라비아 무슬림 여성들의 격리 정도는 인도네시아 무슬림 여성의 격리 정도와 다르다. 또한 이슬람 지역 내부에서도 수니와 시아, 그리고 다양한 소수 종파가 있으며 이들이 무슬림 여성으로 사는 모습은 한 지역의 토착문화와 관습에 융화되어 더욱 다양하게 나타난다. 같은 중동 이슬람 지역에 속해도 시아파가 대다수인 이란 지역 무슬림 여성들의 문화는 여타 수니 이슬람 국가의 무슬림 여성들의 문화와 다르다. 또한 중동 지역 내의 수니 이슬람 문화권이라 하더라도 무슬림 여성의 모습을 획일화해서 이해하면 안 될 것이다. 왜냐하면 다른 중동 국가에 비해 좀 더 서구화된 터키의 수니 무슬림 여성들의 모습은 대체로 보수적인 걸프 지역의 수니 무슬림 여성들의 모습과 다르기 때문이다. 이슬람을 종교로 하고 아랍어를 구사하며 스스로 아랍 민족이라고 간주하는 22개 아랍 연맹 국가의 무슬림 여성들은 타 지역보다 끈끈한 동질감을 형성하고 있기는 하나 이 또한 일반화의 틀로 이해할 수는 없다. 한 국가에 속한 여성조차도 종교, 민족, 언어, 부족의 소속감에 따라 문화적 정체성이 서로 다르며, 이는 계층, 세대 소속감, 한 지역의 전통과 관습, 교육 정도에 따라 더욱 다양하게 나타나기 때문이다. 예컨대 여행이나 교육, 인터넷이나 위성방송과 같은 뉴미디어를 통해 서구 문화를 좀 더 빨리 접하게 되는 도시 지역의 지식인 무슬림 여성은 사막에 거주하는 베드윈 무슬림 여성보다, 비슷한 환경에 노출된 서구의 여성과 더욱 동질감을 느끼고 있다. 결론적으로 —— 우리가 기독교 여성이라는 틀 안에서 유럽이나 아메리카 여성들의 삶을 일반화하지 않는 것처럼 —— 이 지역의 여성들을 이해할 때 일반화되고 획일화된, 즉 대문자 'Islam'을 강조해 여성을 이해하는 것보다 현지 문화와 융화되어 다양해진 소문자 'islam'의 틀에서 이해하는 것이 더욱 바람직하다.

그동안 우리는 중동 이슬람 문화권 여성문제를 이해할 때 —— 종교적 성향, 계층, 교육 정도, 나이, 도시와 지방 간 거주 지역의 특색, 정치·경제 상황 등을 고려하면서 좀 더 다양한 각도에서 이 지역 여성을 이해하기보다 —— 이슬람을 강조하여 이슬람의 틀에서 모든 문제를 시작하고 결론 맺으려 했다. 이러한 우리의 자세가 또 다른 오리엔탈리즘 형성을 유도한 것은 사실이다. 따라서 이 책에서는 오리엔탈리즘의 탈피를 위해 결혼문화에 대해 이집트의 사례 연구를 제시하면서, 부차적으로 이슬람 문화권의 타 지역과의 비교를 통해 이 지역 여성의 다양한 삶을 조명할 것이다. 또한 중동 이슬람 지역의 결혼 문화와 그 안에 존재하는 젠더 간 그리고 세대 간 역학관계가 이슬람이라는 단일한 요소에 의해 지배받기보다 종교 이외의 다양한 요소에 의해 결정된다는 것을 보여줄 것이다.

## 3. 중동 이슬람 지역 여성학과 젠더학의 발전과정

중동 이슬람 지역의 무슬림 여성에 대한 연구는 이 지역이 서구의 지배에서 벗어난 1950년대에 들어 본격적으로 시작되었다. 신시아 넬슨(Cynthia Nelson: 1991)은 1950년대부터 1980년대까지 중동 지역 무슬림 여성에 대한 연구를 그 성향에 따라 크게 네 단계로 나누었다. 1950년대 서구 남성 학자 주도로 시작된 중동 여성 연구의 '관심 발생기', 1960년대 '경험적 관찰기', 1970년대 '비판적 반응기', 1980년대의 중동 현지 여성 학자에 의한 '자신의 탐구기'가 그것이다.

중동 여성에 대한 연구는 세계 제2차 대전 이후 중동 국가의 독립과 함께 신생 정부가 취했던 현대화 정책의 틀 안에서 시작되었다. 여성과 관련된 연구의 주제는 현대화로 인한 여성의 사회 진출과 이로 인한 여성의 지위 변화가 주를 이루었다. 국가의 선진화와 현대화는 전통적인 여성의 사적 공간에서 탈피해 공적 분야에서 활동하는 현대화된 여성의 이미지와 직결되었다. 그러나 아쉬운 것은 1950년대 중동 여성 연구의 주체가 바로 서구 남성이었다는 것이고, 중동 지역 여성의 지위와 역할은 주로 서구 남성 학자의 시각을 통해 관찰되었다는 것이다. 이는 중동 여성 연구에서 한계점을 시사한다. 공공장소에서 남성과 여성의 분리라는 이슬람의 가치를 존중하는 현지 문화로 인해 서구 남성 학자들은 무슬림 여성에 접근할 수 없었다. 따라서 일상생활에서 일어나는 무슬림 여성들의 경험과 목소리는 사장되었다. 당시 서구의 남성 학자들에 의해 표면적으로만 관찰되던 중동 여성은 '전통'적, '이슬람'적, '보수'적인 이미지에서 탈피한 '현대'적, '문명'적, '진보'적인 이미지에 한정되었다. 전통에서의 탈피는 이슬람의 후진성으로부터의 탈피를 의미했고, 이는 곧 여성의 지위 향상으로 인식되었다. 당시의 연구는 모더니즘의 이분법적 잣대에 의해 후진성을 상징하는 '전통', '이슬람', '보수'적 요소와 발전을 상징하는 '현대', '서구화', '진보'적 요소 간의 충돌로 해석되었다.

중동 여성에 대한 연구에 서구 여성 학자들이 참여하기 시작한 시기는 1960년대부터이다. 뒤늦게 중동 여성 연구에 동참한 서구 여성 학자들은 그동안 남성 학자에 의해 연구되어왔기 때문에 간과되었던 무슬림 여성들의 일상생활에 관심을 돌렸다. 서구의 여성 학자들은 중동 여성과 직접 접촉하여 연구자료를 얻을 수 있었다. 그럼에도 불구하고 중동 여성에 대한 인식은 전 세대에 비해 크게 변하지 않았다. 비록 서구 여성 학자들의 참여로 이 시기의 연구는 일상생활에서 무슬림 여성들이 겪는 경험과 목소리에 바탕을 두었으나 분석의 틀은 서구 남성 학자들의 관점에서 크게 벗어나지는 못했기 때문이다. 이 때문에 1950년대와 1960년대 중동 여성에 대한 연구는 서구의 오리엔탈리즘적 시각에서 탈피할 수 없었다.

1970년대는 남성 중심적이던 사회과학의 패러다임을 비판하던 서구 페미니스트 여성 학자들과 서구에서 교육받은 중동의 현지 여성 학자들의 목소리가 연구에 본격적으로 반영되던 시기이다. 이들은 중동 여성 연구에 페미니스트 연구방법을 수용했다. 페미니스트 연구방법은 그동안 남성 중심의 시각으로 구성되어 남성의 편견이 들어간 기존 연구물들의 가정, 연구 계획, 데이터 획득과 결론을 해체한 것으로, 이는 중동 여성 이해에 좀 더 균형적인 시각을 제시하고 있다. 여성에 대한 주제도 여성의 역할과 지위 변화로부터 좀 더 세분화되어 '여성과 권력', '여성과 가부장제', '여성과 생산'에 관한 주제로 옮겨갔다.

우선 권력에 대한 분석에서, 당시의 여성 학자들은 그동안 남성의 전유물로 여겨져 왔던 권력의 개념을 해체했다. 대신 푸코의 권력이론*을 수용해 권력의 개념과 성질을 좀 더 유동적으로 확대 해석했다. 중동 여성 연구의 선구자인 신시아 넬슨(Cynthia Nelson, 1974)은 권력을 '영향력의 상호작용(reciprocity of influence)'으로 정의하면서 중동 여성도 일상생활에서 권력의 행사자라는 것을 보여주었다. 따라서 그동안 권력을 행사할 수 없는 피해자로 인식되던 중동 여성에 대한 연구는 여성의 경험과 목소리에 귀 기울인 페미니스트 연구방법을 토대로 한 현지조사를 통해, 힘없는 중동 여성이라는 전형화된 이미지에서 탈피하기 시작했다. 또한 중동의 다양성을 인식하

---

* 푸코는 모더니즘의 거시적인 관점에서 이해되던 권력의 개념을 미시적인 관점에서 분석했다. 다시 말해 그는 정책 결정자가 행사하는 공식적인 권력의 개념을 해체해 비공식적인 일상생활에서 행사되는 일반인들의 권력관계에 관심을 두었으며 권력을 이들 간의 영향력 행사로 정의했다. 60~61쪽 본문 참조.

면서 여성 연구도 당대의 정치적·경제적 상황과 사회계층에 따라 다양한 층위에서 연구되었다. 둘째, 가부장제에 대한 연구에서 여성 학자들은 가부장제도를 남성의 여성에 대한 지배와 억압, 또는 남성＝지배자, 여성＝피지배자라는 단순한 이분법적 등식에서 탈피했다. 대신 가부장제도를 남성과 여성을 모두 억압하는 사회제도로 파악했다. 다시 말해 여성만이 가부장제도의 피해자라는 인식에서 벗어나 남성들도 제도의 피해자라는 시각이 반영되었다. 마지막으로 여성과 생산에 대한 연구에서 노동의 개념은 사적 영역까지 확대되었다. 공적 영역인 직장에서 일하는 여성의 유급노동뿐 아니라 그동안 가치폄하되어왔던 사적 영역에서의 여성의 가사와 육아 업무, 그리고 가내수공업을 통해 가구의 수입을 올리는 저소득층 여성의 일 또한 가치 있는 노동으로 간주되었고 중요한 연구주제로 부상했다. 따라서 공적 영역과 사적 영역의 경계선은 모호해졌고, 이슬람 문화권에서 남성＝공적 영역, 여성＝사적 영역이라는 이분법적 등식도 도전을 받았다.

1980년대 연구의 동향은 1970년대와 유사하다. 연구방법은 페미니스트 연구방법이 주로 쓰였다. 그 결과 중동 여성을 연구하는 학자들은 중동 여성에 대한 기존 선입견과 인식의 틀을 해체하고 그들을 있는 그대로 탐구하기 위해 현지인들과의 대화에 좀 더 귀를 기울였다. 이 분야에서 특히 인류학자들의 공헌이 큰데, 인류학 문헌들은 많은 부분을 현지인들의 행동양식에 대한 관찰과 현지인 인터뷰에 할애했다.

결론적으로 중동 여성 연구에서 연구 주체가 1950년대와 1960년대에는 서구 남성 학자에서 서구의 여성 학자로, 1970년대와 1980년대에는 서구의 여성 학자에서 서구 학자 및 서구에서 교육받은 현지인 학자로 패러다임이 변화되었다. 1990년대 이후 오늘날까지 중동 여성에 대한 연구방법에는 여성의 목소리와 경험을 중시하는 페미니스트 연구방법이 사용된다는 면에서 큰 변화는 없지만 연구 주제는 다양해진다. 세계화 시대인 오늘날 중동 여성에 대한 연구의 주제는 위성 TV와 인터넷 등의 IT 기술 발달이 중동 여성에 미치는 영향, 세계화 시대 중동 젊은이들의 정체성 연구, 중동 각 국가에 분포되어 있는 소수민족 연구, 이민과 여성 문제 등이 부상했다. 중요한 것은 연구자들의 정체성도 연구에 반영되기 시작한 점인데, 연구자들은 자신을 숨기기보다 오히려 적극적으로 드러내고 있다. 그들은 자신의 연구에 대해 과거처럼 서구/비서구 혹은 객관적/주관적 입장을 이분법적으로 구분하기보다 세계화의 결과 혼성(hybrid)된 본인들의 정체성을 다루며 자신들이 어떻게 현지에 적응하면서 현지 문화와 조우하게 되는지 그 과정을 자세히 다루고 있다. 인류학에서 특히 이 부분이 강조되는데 —— 자신이 속한 사회를 연구하는 연구자를 포함하여 —— 비록 제3자로서 현지조사를 하는 연구자라도 자료를 수집하고 분석하는 과정에서 '객관적인 존재'로 인정될 수 없기 때문이다. 연구자 또한 문화적 존재로, 연구자의 정체성은 그가 현지에서 받아들여지는 과정에 상당한 영향을 미친다. 다시 말해 연구자의 정체성은 궁극적으로 연구의 자료획득과 분석과정, 그리고 연구결과의 해석에 반영된다. 오늘날 과거에 비해 중동 이슬람 지역의 연구주제와 그 주체가 다양해지긴 했으나 중동 여성 연구에서 아직도 한국, 일본, 중국을 포함한 아시아 지역 여성 학자의 참여는 상당히 미흡하다. 중동 여성 연구에 좀 더 다양한 시각을 제시하기 위해서라도 그동안 비주류에 속해왔던 아시아 지역 여성 학자에 의한 중동연구가 활발하게 진행되어야 할 것이다.

## 4. 이집트의 역사

영국에서 독립한 이래 지난 반세기 동안 이집트는 급격한 정치·경제·사회·문화적 변화를 겪었다. 이집트 사회는 각 정부의 정책노선 변화와 함께 급변했는데, 여기에는 영국 식민통치 시대의 친서구 개방 정책 시기, 1952년 군사혁명에서 1970년대까지 나세르 정권하에 전개된 친(親)소련 사회주의 정책 시기, 사다트와 무바라크 정권하에 다시 사회주의 체제에서 자본주의 개방 정책으로 선회했던 개방기가 포함된다. 이집트의 정치이념 변화와 이에 따른 국내 정치·경제 상황의 변화는 밖으로는 이집트 대 강대국과의 관계를 포함한 주변국과의 관계에, 안으로는 전반적인 사회 분위기에 영향을 미쳤다. 또한 시대의 요구에 부흥하기 위한 이집트의 반복된 개방과 쇄국정책은 이집트 국민들의 정체성 변화에도 영향을 미쳤다. 영국의 식민 기간 동안 이집트인들이 당면한 최대 과제는 독립이었고, 그들에게 무슬림과 기독교로 구분되는 종교 정체성은 그리 중요하지 않았다. 오히려 독립을 위해 종교를 초월한 화합이 필요했고 따라서 이집트인들은 그들의 전통을 고대 파라오 시대에서 찾았다. 즉 이집트인들은 종교 정체성보다 파라오의 후손이라는 단일한 민족 정체성을 강조하면서 "이집트를 이집트인들에게"라는 구호 아래 하나로 통합되었다. 서구 열강의 식민통치에 맞서기 위한 범(汎)아랍 민족주의 운동은 이집트뿐만 아니라 당시 식민통치를 받던 타 중동 국가에도 영향을 미쳤고, 이집트는 한때 나세르 대통령 통치하에 아랍 세계를 이끄는 맹주로서 활약하기도 했다. 당시 젊은이들은 이집트인이라는 사실에 자긍심이 있었고, 자신의 미래에도 확신을 가졌다. 그러나 범아랍 민족주의의 가치는 이스라엘과 아랍연합국 사이에 네 차례에 걸쳐 발발

했던 중동 전쟁에서 아랍 측이 모두 패하자 곧 유명무실한 가치로 전락했다. 그리고 이집트는 패전국의 대가를 톡톡히 치러야 했다. 그 후 실리주의를 추구한 사다트 대통령 통치 기간 이래 이집트는 인피타흐(infitah: 개방) 정책하에 서구에 문호를 개방했고 세계경제 체제에도 빠르게 편입되었다(Abdalla, 1999: 173~179). 1970년 이래 문호를 개방한 이집트는 서구화를 빠르게 진행해나갔다. 이와 함께 서구의 개방적인 — 일부는 반이슬람적인 — 문화가 유입되기 시작하자 보수파 무슬림들은 자극을 받았고 그러한 자극이 이집트의 이슬람 부흥운동 부활에 영향을 미쳤다. 당시의 젊은이들은 퇴폐적으로 인식되던 서구 문화에 대항하기 위해, 그리고 당면한 문제를 제대로 해결하지 못하는 이집트 정부의 무능으로부터 심리적 위안을 얻기 위해 이슬람으로 귀의했다. 이들은 전통적인 이슬람의 가치를 더욱 숭고하게 여겼다. 이는 이집트의 사회 분위기를 더욱 복잡하게 만들었다. 한편으로는 급진적인 이슬람 원리주의자들과 보수적인 전통주의자들이 이슬람으로의 귀의를 부르짖었고, 다른 한편으로는 개방주의자들과 친서구주의자들이 문호개방을 외쳤다. 지적할 점은 이집트 정부의 정치·경제 상황의 변화는 거시적인 관점에서 이집트의 대외 정치·경제 상황에만 영향을 주는 것이 아니라 미시적인 관점에서 결혼을 포함한 일반인들의 삶의 전략에도 막대한 영향을 미쳤다는 것이다.

다시 말해 결혼관은 한 시대의 정치·경제·문화적 상황에 따라 변화한다. 시대에 따라 변화하는 결혼관을 이해하기 위해 영국에서 독립한 이후 오늘날까지 이집트에서 사회 분위기가 어떻게 변했는지 살펴보는 것은 세계화가 무슬림 젊은이들의 결혼문화에 어떤 영향을 미쳤는지 알아보는 데 매우 유용하다.

## 1) 나세르 시대(1952~1970): 대중을 위한 이집트

1952년 가말 압둘 나세르(Gamal Abdul Nasser)가 이끄는 이집트의 자유 장
교단은 영국의 지지를 받던 왕정을 전복하고 공화정을 수립했다. 정권 전복
에 성공한 자유 장교단의 나세르는 당시 이집트의 초대 대통령이자 명목상
의 지도자였던 무함마드 나기브(Muhammad Naguib) 장군과 대립하게 되자
군부 및 민족해방전선을 장악해 나기브를 축출하고 자신이 정권을 장악했
다. 새로 건국된 이집트 공화국의 현대화를 위해 사회주의 정책을 선택한 나
세르는 위로부터 아래로의 혁명을 조직했고 정부의 관심을 식민시대 특혜를
누렸던 프티부르주아 계급과 엘리트 계층에서 일반 민중으로 전환했다.

나세르 시대의 모든 정책은 평등주의에 입각한 사회주의 체제에 기반을
둔 것이다. 이 시대의 가장 획기적인 정책은 1952년 단행되었던 토지개혁으
로, 정부는 평등정책하에 유지들의 토지를 일반인에게 분배했다. 더욱이
1956년 발발한 수에즈 전쟁을 계기로 이집트는 자국 내 은행, 보험회사, 석
유화학 공장 및 시멘트 공장 등 외국인이 소유하던 회사를 국유화시켰고,
그 결과 1964년 외국인이 소유한 대부분의 자산은 이집트 국고로 환급되었
다(Owen and Pamuk, 1998, 129~130). 민족주의와 사회주의 정책에 입각한 나
세르 정부의 정책으로 이집트는 오히려 세계화의 추세에 역행하게 되었다.

이집트의 사회주의 정책은 계층구조에 변화를 가져왔으며, 이는 국민의
의식에도 영향을 미쳤다. 평등과 정의에 바탕을 둔 사회 분위기 조성과 새
로운 국가 건설에는 정부가 앞장섰다. 나세르 정부는 적극적으로 복지정책
수립의 기틀을 마련했고 중산층과 저소득층을 양산하는 동시에 부르주아
계층의 규모를 줄이는 데 주력했다(Hinnebusch, 1990: 189). 이를 반영하듯 이
집트 헌법에는 "정부는 모든 국민에게 식량, 집, 건강, 문화와 사회 관련 서

비스를 제공함으로써 상당한 생활수준을 보장하기 위해 노력할 것이다"
(Stewart, 1999: 138)라고 명시되어 있다. 헌법에 따라 나세르 정부는 이집트
국민 모두에게 적극적으로 무상교육과 고용의 기회를 제공했다. 고등교육
을 받은 엘리트 계층을 국가 차원에서 흡수하기 위해 정부와 공공부문의 고
용기회도 확대했다. 결과적으로 1950년대와 1960년대 나세르 통치하의 이집
트에서는 저소득층과 중산층이 새로운 정치 계층으로 부상했다(Hinnebusch,
1982: 538). 이들은 정부의 토지정책, 무상교육, 보장된 고용기회의 주된 수
혜자가 되었다. 나세르 시대 사회주의 정책은 서민들에게 교육과 고용을 통
한 신분상승의 기회를 제공했으며 이는 중산층과 저소득층의 삶의 질 향상
으로 이어졌다.

당시 카이로는 도시의 규모 면에서 상당히 커졌다. 가장 큰 이유는 지방
거주민들이 '새로운 사회의 분위기'에서 그들의 꿈을 실현하기 위해 도시로
많이 이주했기 때문이다. 정부는 지방 이주민들을 수용하기 위해 경제개발
5개년 계획을 착수했으나 불행히도 이는 끝까지 이행되지 못했다.

평등을 강조하던 당시의 사회주의 이념과 사회 분위기는 남성뿐만 아니
라 여성에게도 많은 혜택을 안겨주었다. 이집트 정부는 각종 정부정책과 방
송홍보를 통해 여성도 남성과 함께 사회개혁에 동참할 것을 요구했다. 또한
헌법을 통해 여성에게도 남성과 동등한 지위와 역할을 보장했다. 사회개혁
을 위한 나세르의 많은 업적에도 불구하고 당시 젊은 시절을 보냈던 현재
젊은이들의 부모 세대는 나세르와 그의 정부정책에 대해 동일한 평가를 하
지는 않는다.

오늘날 나세르 대통령을 평가하는 이미지는 상반되게 나타난다. 일부는
나세르를 독재자로, 일부는 국가개혁과 발전에 이바지한 영웅으로 기억하

는 것이다. 나세르 시대를 긍정적으로 평가하는 이들은 당시 나세르 정책의 수혜를 많이 받은 저소득층으로, 이들은 나세르 시대를 계층과 젠더 간 평등 문제를 해결한 '희망의 시대' 혹은 '기회의 시대'로 회상하고 있다. 당시 젊은이들은 또한 나세르가 추구한 아랍 민족주의의 기치하에 하나로 단합되었으며 범아랍 세계를 이끄는 이집트인으로서의 자부심과 자긍심도 있었다. 그러나 이러한 자존심과 자신감은 오래가지 못했다. 나세리즘과 민족주의 사상은 1967년 이스라엘 연합군과 이집트 연합군 사이에 벌어진 6일 전쟁 패배 후 서서히 사라지기 시작했기 때문이다. 6일 전쟁은 정치적인 면에서 나세르에 타격을 입혔을 뿐만 아니라 경제적인 면에서도 수에즈 운하의 강제폐쇄와 시나이 유전의 손실이라는 막대한 피해를 안겨주었다. 6일 전쟁의 여파로 이집트의 관광 수입은 감소했으며 외국의 원조도 줄어들었다. 전쟁으로 인한 이집트의 경제적 손실은 이집트 정부의 정책 선회에 직접적인 영향을 미쳤고, 이는 나세르 사망 후 대통령이 된 사다트 대통령의 실리주의 외교정책과 친미정책 추구로 이어졌다.

### 2) 사다트 시대(1970~1981): 실리추구를 위한 개방기

1970년 나세르 대통령의 갑작스러운 죽음으로 그의 후계자였던 안와르 사다트(Anwar Sadat)가 대통령 직에 오르게 되었다. 사다트 시대의 개막과 함께 1974년 4월 발표된 '10월 선언'으로 이집트는 공식적으로 사회주의 시대의 막을 내리고 개방의 시대를 맞는다. 개방을 위한 정부정책의 변화와 함께 이집트는 내·외부적으로 많은 변화를 겪게 된다. 외부적으로 이집트는 친소정책에서 친미정책으로 선회했으며 실리주의 외교정책을 추진했다. 내부적으로는 이스라엘 연합군과 벌인 일련의 중동전쟁에서의 패배로 인한 손실을 복구하기 위해 정부조직 개편을 서둘렀다. 친미정책과 실용주의를 추구한 이집트는 자유방임 경제로 선회했고 인피타흐(infitah)로 알려진 개방정책을 채택했다. 인피타흐는 1974년 6월에 발표된 법 43호에 기초한 것이다. 이 법에 따라 이집트 정부는 국외 회사의 이집트 진출 및 국내 회사와의 합작투자를 유도하기 위해 그동안 외국계 회사에 부과해온 많은 제한을 철폐했다. 인피타흐 정책의 목적은 이집트의 경제 침체를 극복하고 민간기업의 활동을 증진하는 것이었다. 1970년 이후 인피타흐 정책의 영향으로 이집트는 문호를 개방했고 서양과 문화적으로 활발한 교류를 시작했다. 이 정책으로 이집트의 서구화와 세계화는 가속화되었다. 인피타흐 정책으로 이집트는 1980년대 초반까지 잠시 동안 번영기를 맞이했으나 예기치 못한 결과 역시 감당해야 했다. 거대 자본이 개방정책 이후 이집트로 흘러 들어왔으나 이 자본은 주로 IMF와 세계은행(World Bank)으로부터의 부채와 외국의 원조에 의한 것이었다. 결과적으로 눈덩이처럼 불어나는 빚과 인플레이션으로 이집트의 경제상황은 불안정해졌다. 설상가상으로 나세르 정부 때부터 지속되어왔던 젊은이들을 위한 공공 분야의 고용보장은 정부의 효율적인 운영에 장애가 되었다.

1970년대와 1980년대의 개방정책으로 이집트에는 새로운 계층이 등장한다. 이들은 미국이나 유럽에서 교육받았거나 이집트 국내에 개교한 미국이나 영국의 외국인 학교에서 교육받은 서구화된 신흥 부르주아 계층으로, 나세르 정부하에 등장한 국가 부르주아 계층과는 구별된다(Hinnebusch, 1982: 538). 서구화된 신흥 부르주아 계층은 인피타흐 정책의 주된 수혜자로, 이들은 외국 자본으로 설립된 다국적 기업에 근무하길 선호했다. 이들의 월급은 이집트 국립대를 졸업해 공공 분야에서 일하는 젊은이들에 비해 몇 배나 높왔고 따라서 삶의 질도 달랐다. 이집트의 신흥 부르주아 계층을 형성하는 또 다른 그룹은 더 좋은 근무환경을 찾아 걸프 산유국으로 대거 이민한 저소득층 이민자들이다. 이들은 주로 교육받지 못한 비숙련공 노동자 출신이다. 그러나 3D 직종의 노동력 수요가 있는 해외 이민을 통해 많은 재산을 축적할 수 있었고 귀국 후 중상류 계층의 삶을 누릴 수 있었다(Amin 1989: 110). 결국 사다트 통치 기간은 나세르 통치 시기보다 계층 이동이 훨씬 다양해졌다.

해외 이민자들의 송금액은 1970년대 서구지향적인 소비주의 시대를 열었다. 사람들은 선진국에서 생산한 물건들을 소비하기 시작했고 현대화된 삶의 질에 대한 기대감은 더욱 높아져 갔다. 결과적으로 인피타흐 정책은 공공 부문에서 일하는 중산층과 치솟는 인플레이션을 따라잡을 수 없는 사람들의 실질적 임금을 낮추는 결과를 가져왔고, 이는 이집트 사회에 심각한 불평등을 초래했다.

인피타흐 정책 후 이집트의 사회 분위기는 더욱 다양해지며 복잡해졌다. 서구에서 돌아온 이민자들이 서구의 개방적인 사고와 개인주의와 민주주의의 가치에 영향을 받고 귀국하는 반면, 보수적인 걸프 지역의 이민자들은 걸프 지역의 보수성 및 종교성에 영향을 받고 돌아왔다. 이처럼 이집트 사회에 다양성이 있었음에도 불구하고 1980년대에 이집트 사회는 보수화된다. 그 이유는 국내외의 정치·경제 상황에서 찾을 수 있다. 국외적으로는 1979년에 일어난 이란의 이슬람 혁명의 영향으로, 국내적으로는 인피타흐 정책으로 인해 물밀듯이 들어온 서구 문화에 대한 반감, 그리고 사회 불평등과 정부정책 실패에 대한 종교적 위안 등의 이유가 있었다. 이집트인들은 정부를 신뢰하기보다 정부가 제공하지 못하는 각종 복지혜택을 대중에게 제공하는 이슬람 종교 단체를 신뢰했다. 결과적으로 당시 이집트에 만연된 이슬람 원리주의 운동은 1981년 사다트 대통령의 암살로 이어졌다.

### 3) 무바라크 시대(1981~현재): 세계화 시대의 이집트

1981년 사다트 대통령이 이슬람 극우주의자에 의해 암살당하자 호스니 무바라크(Hosni Mubarak) 대통령이 그 뒤를 승계했다. 무바라크 정부는 사다트 대통령의 인피타흐 정책을 지속적으로 이행해나갔다. 구미와 친밀한 관계를 유지해온 이집트는 개방정책의 결과 세계 자본주의 시장경제에 급속히 편입되었다. 이는 이집트 국내 경제가 정부보다 세계자본에 의해 규제되고 통제됨을 의미한다. 이집트 정부는 국민들에게 식량보조금을 지급할 수 없었고, 물가통제와 환율정책에도 적극적으로 개입할 수 없었다. 더욱이 외국의 투자와 무역 분야 개방을 위한 장벽을 철폐해야 했으며, 정부 분야의 고용 감축과 국영기업의 민간화를 서둘러야 했다(Posusney and Doumato, 2003: 5). 무바라크는 사치품 수입 규제와 공공 부문 개혁 등을 통해 소비보다 생산 중심 경제구조로 경제개혁을 시도했으나 이집트의 경제위기는 계속되었다(Hinnebusch, 1990: 205). 게다가 무바라크 통치 기간 동안 경제상황은 더욱 악화되었는데 여기에는 이집트의 석유수입 감소, 걸프전쟁 발발 후 귀향한 이민자들로 인한 송금액 감소, 인플레이션과 국내 실업률의 향상, 수에즈 운하 수입의 감소, IMF와 세계은행(World Bank)의 원조 감소와 국제신용등급 하락 등의 원인이 있다(Jankowski, 2000: 180).

오늘날 이집트가 당면한 가장 큰 문제는 바로 증가하는 젊은이들의 실업률이다. 이집트의 실업률은 전 세대에 비해 상당히 높아졌는데, 가장 큰 이유 중 하나는 걸프 지역으로 진출한 젊은이의 수가 감소하는 것이다. 걸프 지역은 1970년대 이래 오일 달러의 혜택으로 경제 활황기를 맞이했고 교육

및 서비스 산업과 건설산업 분야에 외국인 노동자의 수요가 많아졌다. 당시 이집트인들은 걸프 지역의 경제호황 혜택을 누리기 위해 대거 해외로 이주했다. 그러나 1980년대에 들어 걸프 지역에 진출하는 이집트인의 수는 현격히 줄어들었다. 오일 달러가 하락했고 걸프 지역의 주요 건설 사업도 완성되었기 때문이다. 게다가 걸프 지역으로 유입되기 시작한 비아랍 또는 아시아 노동자의 수 증가로 인해 이집트인들은 걸프 지역의 노동시장에서 이들과 치열한 경쟁을 해야 했고 이는 이집트인들이 걸프 지역으로 이주하는 데 큰 장애가 되었다. 설상가상으로 1980년대 중반부터 걸프 지역 이주민들이 이집트로 역이민을 오는 경향이 본격화되어, 국내 노동시장에 또 다른 타격을 입혔다. 한때 막대한 노동력을 수출했던 이집트는 오늘날 젊은 대학 졸업생들과 이주 노동력을 동시에 흡수해야 하는 이중부담을 안게 된 것이다. 결국 이집트 정부는 실업률을 제어할 능력을 상실하게 되었다. UNDP의 한 보고서에 따르면 비록 이집트의 실업률은 1991/1992년 9.2%에서 2000/2001년 8.4%로 감소하긴 했으나 이집트는 당면한 실업률을 해소하기 위해 매년 약 60만에서 80만 개의 새로운 일자리를 창출해야 하는 부담을 안고 있다 (http://www. undp.org.eg/profile/egypt.htm, retrieved 2007).

최근 이집트의 경제는 2001년 지구 반대편에서 발생한 9·11 테러와 그 후속 정책인 미국의 '테러와의 전쟁'에 또 한 번 타격을 입었다. 테러 발발 가능성은 국가의 가장 큰 수입원인 관광산업에 큰 타격을 입혔고, 이는 결과적으로 이집트의 실업률 증가로 이어졌다. 이집트의 관광 수입은 국가 수입의 약 4%를 차지하며, 관광 분야에 종사하는 인구는 약 220만 정도로 추정된다(같은 글). 9·11 발발 이후 많은 젊은이들은 임시 휴직상태에 들어갔으며 결혼 날짜를 잡아놓은 일부 젊은이들은 다른 직장을 찾거나 결혼 비용을 마련할 때까지 결혼식 날짜를 미루어야 했다. 이집트의 화폐 파운드가 평가 절하되어 이집트 중산층의 생활은 더욱 어려워졌다. 이들의 월급은 치솟는 물가를 따라잡기엔 턱없이 부족했기 때문이다. 결국 정부는 이집트가 처한 여러 가지 문제에 대해 적절하고 효율적인 해답을 제시하지 못했고, 정부에 대한 국민들의 불만은 높아갔다. 이는 이집트 정부의 권위와 정통성의 약화로 귀결되었다.

국가에 대한 불신을 보여주는 가장 극명한 예는 젊은이들이 공공 분야의 취업을 외면한다는 것이다. 오늘날 이집트의 젊은이들은 월급이 적은 국영기업 대신 다국적 기업, 은행, 관광 등 민간 분야에 취업하기를 선호하고 있다. 불경기에 대한 정부의 대책 마련에 불만족스러워하는 이집트 젊은이들은 오늘날 이집트 정부를 무능하고 비효율적이며 부패한 정부로 생각하고 있으며 정부에 대한 불신은 이집트인의 종교화·보수화로 귀결되고 있다. 이집트에서 부상하는 이슬람 부흥주의 운동은 이집트인들이 처한 정치·경제 상황과 무관하지 않다. 이슬람 종교 단체들은 무능한 정부를 대신해 국민들에게 의료와 교육을 포함한 다양한 서비스를 효율적으로 제공하며 그들의 필요에 부응하고 있다. 이를 반영하듯 알터만(Alterman)은 "이집트에서 종교는 국민들의 행동과 언어에 스며들고 있으며, 어쩌면 이란보다 좀 더 이슬람화되고 있다"고 주장했다(2000: 108). 이처럼 이집트 젊은이들은 이슬람의 보수적인 분위기에 노출되어 있다. 그러나 동시에 이들은 세계화 시대 서구와 미국 문화에 노출되어 있으며 이는 이집트 청년들의 행동양식에 많은 영향을 미치고 있다. 결국 이집트 젊은이들은 암울한 정치·경제 상황뿐만 아니라 자신들이 처한 —— 때로는 혼란스럽고 때로는 빠르게 변하는 —— 상황 때문에 정체성 규명에 많은 어려움을 겪고 있으며 이는 오늘날 이집트의 결혼문화에도 반영된다.

결혼을 앞둔 오늘날의 젊은 세대와 나세르나 사다트 시대에 결혼한 이들의 부모 세대는 서로 다른 정치 · 경제 · 사회 분위기에서 성장했다. 1960년대와 1970년대 중산층 부모 세대들은 국가가 제공한 교육과 고용을 포함한 각종 복지혜택을 누리며 기회의 시대에 살았다고 스스로를 평가한다. 이들은 국가의 정책을 신뢰했고 경제 활황기에 부모로부터 독립해 스스로 형성한 경제력에 자부심을 느끼며 살았다. 반면 현재의 젊은이들은 이집트가 처한 암담한 정치 · 경제 환경에 위축되어 있을 뿐 아니라 부모로부터 독립하지 못하고 경제적으로 의지하며 살고 있다. 현재 젊은이들은 자신들이 처한 상황 때문에 미래를 불확실하게 생각하며 동시에 우울해하고 있다.

### 4) '칵테일 도시', 카이로

약 1,600만 명의 인구가 거주하는 카이로는 세계 10대 거대 도시 중 하나이다. 첫눈에 카이로는 사람들로 붐비고 바쁘고 시끄럽고 지저분하게 보이지만 생기가 있는 도시이다. 카이로를 조금 더 자세히 관찰하면 이 도시는 고대 파라오 시대의 문명과 현대의 최첨단 문명, 그리고 전통과 현대가 모두 한데 어우러진 대조적인 모습을 지닌 곳이라는 것을 알 수 있다. 또한 카이로에는 종교적인 색채와 세속적인 색채, 부자와 빈자, 도시와 지방 색, 세계문화와 지역문화, 기독교와 이슬람, 개방적인 서구 문화와 보수적인 이슬람 문화가 도시 곳곳에 공존한다.

카이로의 역사를 연구한 스튜어트(Stewart, 1999)는 한 국가의 도시 분위기는 역사를 거치면서 축적된 기억과 경험을 반영한다고 주장한 바 있다. 도시는 타 문화와 교류를 통해 지속적으로 변화하는 모습을 반영할 뿐만 아니라 한 국가의 정치와 경제 상황의 변화, 그리고 사회 가치관의 변화 등을 고스란히 반영한다. 스튜어트는 10세기부터 현대에 이르기까지 정치·경제 상황에 따라 변화된 카이로의 도시의 분위기를 네 단계로 구분했다(1999: 129). 여기에는 이슬람 도래 이후 프랑스의 침략이 있기 전인 1798년까지, 식민시대의 시작인 1798년부터 1952년까지, 사회주의 시대인 1952년부터 1970년대까지, 마지막으로 서구화가 본격적으로 진행된 1980년대부터 현재까지가 포함된다.

　1798년 이집트가 서유럽의 침략을 받기 전까지 카이로의 도시 분위기는 파티마 왕조의 영향으로 이슬람의 색채를 띠었다. 10세기 초반 이후 파티마 왕조의 강력했던 정교일치의 통치전략을 바탕으로 카이로는 아프리카 - 아시아 - 유럽을 잇는 무역의 중심지로 떠올랐다. 세 대륙의 중심지 역할을 하던 카이로의 명성은 '세상의 어머니(umm al-dunniya: 움 알 - 둔냐)'라는 별칭에도 반영된다. 그러나 카이로의 번영은 유럽의 중동 식민지화 정책 후 퇴색하기 시작했다.

　카이로의 지도자였던 무함마드 알리 파샤(Muhammad Ali Pasha: 1805~1848), 사이드 파샤(Said Pasha: 1854~1863)와 이스마엘 파샤(Ismail Pasha: 1863~1879)는 근대화를 통해 이집트를 발전시키려 했고 그 모델은 유럽이었다. 이집트의 지도자들은 카이로의 유럽화를 추진했으며 도시의 정체성을 아프리카보다는 유럽에서 찾으려 했다. 도시의 유럽화는 영국의 제국주의 시대에 더욱 가속화되었다. 영국 통치하에 카이로의 분위기는 이슬람의 색채에서 본격적으로 탈피하기 시작했다. 파샤의 근대화 정책 기간 동안 신도시를 설계한 사람들은 모두 유럽 출신으로, 이들의 도시계획에는 자연스럽게 유럽의 가치관이 반영되었다. 당시 설계된 도시는 현재까지 이집트에서는 부촌으로

카이로 전경

알려진 가든 시티(Garden City)와 자말렉(Zamalek) 등이 있다. 두 지역은 나일 강 둑을 따라 설계되었으며, 대부분 유럽 스타일의 고급 빌라가 건물의 주를 이룬다.

카이로 내 엘리트들이 거주하는 또 다른 지역은 헬리오폴리스(Heliopolis)로 알려진 도시로, 이는 벨기에 기술자가 영국의 신도시를 모델로 건설한 것이다. 곧이어 카이로 남쪽 마아디(Ma'adi)라고 불리는 유럽 스타일의 도시도 뒤따라 건설되었다. 신도시가 건설되자 이스마엘 파샤는 자신의 거주지를 한때 번성했던 이슬람 지역의 '구(舊)카이로(Old Cairo)'에서 '게지라(Gezira)'라고 불리는 나일 강 중심부에 위치한 섬으로 옮겼다. 게지라 섬은 당시 영국 장교 클럽이 있던 곳으로 식민세력의 중심지였다. 새로운 유럽풍의 신도시들이 생성되자 이슬람 색채가 강한 구(舊)카이로는 사람들에게 외면당했고 사회적으로나 경제적으로 소외되어갔다(Ibrahim, 1987: 212; Stewart, 1999: 132~135). 천 년 넘게 이슬람의 역사를 자랑하며 번영하던 도시는 식민시대를 기점으로 신도시들이 건설되자 빈민가로 전락했다. 결국 카이로는 기존의 전통적이며 이슬람적인 분위기와 현대화되고 계획화된, 그러면서 동시에 유럽화된 분위기를 모두 담게 되었다.

유럽을 모델로 한 카이로는 '새로운 국가건설'을 모토로 한 사회주의 정책을 편 나세르 정부가 들어서자 또 다시 변화하게 된다. 사회주의 정권의 등장 이후 정부는 식민 기간 동안 소수의 부르주아와 엘리트 계층에만 치우쳤던 관심을 대중에게 돌렸다. 특히 사회주의를 지향하면서 친소 정책을 펼친 나세르 통치 기간에는 도시에서 유럽의 색채가 현격하게 줄어들었다. 카이로는 이집트의 행정 중심도시가 되었고 국가의 모든 정책은 이곳에서 수립되었다. 나세르 정부는 또한 정책적으로 양성한 대졸 신흥 고급인력들을 국

카이로 심장부에 있는 주요 정부 건물 무감마(mugamma)

가 차원에서 흡수하려 했고 이들을 위한 공간이 대거 필요했다. 따라서 대형 건물들이 카이로 중심가뿐 아니라 외곽지역에도 건설되었다. 나세르 정부 때 신축된 건물들은 사회주의 분위기를 반영한 딱딱한 이미지가 대부분으로 그 모델은 구소련이었다. 당시 들어선 건물로는 나세르 시티(Nasser City: 나세르 도시)와 무한디신(Mohandiseen City: 기술자들의 도시)의 계획부와 통계청, 그리고 카이로 중심가에 위치한 무감마(mugamma)로 불리는 정부종합청사 등이 있다(Stewart, 1999: 138; Ibrahim, 1987: 214). 유럽의 식민 기간 동안 건설된 유럽 스타일의 우아한 건물과 빌라들은 정부기관으로 이용되거나 사회주의 정부가 배출해낸 새로운 엘리트 계층의 거주지로 이용되기도 했다.

나일 강변의 오성급 호텔

도시화와 인구 증가현상으로 빚어진 인구를 흡수하기 위해 정부는 사막
에 신도시와 도로 건설에 관한 다양한 정책을 세웠으며, 이는 사다트와 무
바라크 정부까지 이어지고 있다. 1970년 개방정책을 추진하던 사다트 정부
가 들어서자 구소련의 영향을 받던 나세르 시대의 건축 양식은 다시 서유럽
과 미국식으로 변하게 된다. 특히 미국에 적극적으로 문호를 개방한 인피타
흐 정책을 펼친 사다트 정부 시대에 건축양식은 미국의 스타일을 많이 반영
하게 된다. 이브라힘(Ibrahim)은 이에 대해 이렇게 말했다.

서구의 원조와 기술에 의지하던 사다트는 이집트를 서구식으로 발전시키길
원했다. 만일 파리와 로마가 이스마엘 파샤의 발전 모델이었다면 로스앤젤레

세계화된 패스트푸드 음식점

스나 휴스턴이 사다트의 모델이다. …… 고급 빌딩이 빌라가 있던 지역과 빈
민가에 우후죽순처럼 들어섰다(1987: 214).

이집트의 개방정책으로 유입된 자본은 카이로의 고급 빌딩과 오성급 호
텔 건설에 일조했다. 무바라크 정권기에 이집트의 세계 자본주의 체제로의
편입은 더욱 가속화되었고, 오늘날 구미의 영향을 받은 쇼핑몰과 프랜차이
즈 음식점들이 카이로 부촌에 속속 들어서고 있다.
세계화 시대 카이로의 현 모습은 매우 복잡하고 다양하다. 세계 각지에서
이주한 이민자들, 세계화된 방송매체와 영화산업, 위성 TV, 인터넷, 세계적
으로 프랜차이즈 된 음식점과 각국의 전통 음식점 등 모든 요소는 세계문화

에 노출된 카이로의 다양성을 반영한다. 또한 이는 카이로에 존재하는 전통
과 현대, 종교성과 세속성, 지역화와 세계화, 서구화와 이슬람화, 개방화와
보수화의 다양한 요소 간 조화와 대립을 반영한다. 세계화 시대 카이로는
마치 칵테일된 도시와 같다.

제2장

# 중동 이슬람 문화권의 결혼 이데올로기와 젠더

## 1. 이슬람 문화권의 결혼과 이혼의 사회적 의미

개인은 살아가면서 한 사회의 구성원으로서 자신이 속한 사회의 여러 가지 의례를 경험하게 된다. 개인이 경험하는 각 의례에는 그 또는 그녀가 속한 사회의 정치, 경제, 법, 종교, 관습 및 전통과 관련된 여러 가지 사회·문화적 상징이 복합적으로 융해되어 있다. 특히 개인과 개인, 집단과 집단의 결합이 성사되는 결혼의 경우와 그 관계가 와해되는 이혼의 경우 한 사회의 문화를 나타내는 다양한 상징들과 이데올로기들은 더욱 함축적으로 나타난다. 그뿐 아니라 결혼과 이혼의 결정과정에는 그 사회에 속한 구성원들의 젠더 간 권력관계와 그들의 생각과 행동을 지배하는 젠더 이데올로기*도

---

\* 본문에서 언급된 이데올로기 개념은 그람시 학파의 정의를 빌려 문화적인 맥락에서 해석했다. 이데올로기란 세상을 보는 견해나 상식을 포괄하는 관념으로 일상생활에서 일반인들의 생각과 행위를 지배하는 사고체계인 동시에 선택의 순간에 사람들의 생각과 행동을 결정에 지침 역할을 한다. 좀 더 자세한 정의는 8절(76~78쪽) 참고.

반영된다.

이를 좀 더 자세히 설명하면, 첫째로 정치 면에서 개인과 개인, 집단과 집단은 결혼을 통해 새로운 권력관계를 형성한다. 행위자들은 결혼의 결정과정에서 자신 및 자신이 속한 집단의 이익을 극대화시킨다. 예컨대 배우자 선택과정 및 결혼절차의 결정과정은 행위자들의 협상관계를 동반하고, 이과정에서 개인과 개인, 개인과 집단, 집단과 집단 간 이해관계는 표면화된다. 둘째로, 경제 면에서 결혼에는 항상 재화의 이동과정이 수반된다. 결혼은 개인 대 개인, 집단 대 집단 간의 결혼 비용 부담과 보상을 포함해 재정에 관한 협상과정을 수반하며, 이 과정에서 당사자 및 가족 간의 경제적 이해관계는 민감하게 표출된다. 각 문화권에서 결혼 시 발생하는 보상의 수단을 어떤 관점에서 이해하느냐에 따라 신랑 측이 신부 측에 지불하는 혼납금과 신부 측이 신랑 측에 지불하는 지참금 제도 등으로 나뉜다. 셋째, 결혼은 개인 대 개인, 개인 대 집단의 법적 관계를 규정한다. 결혼을 통해 개인은 한 사회에서 남편과 아내, 부모와 자녀 등의 권리와 의무를 포함한 법적 지위를 부여받게 된다. 마지막으로 결혼문화는 당대를 지배하는 한 지역의 관습과 전통에 영향을 받는다. 예컨대 결혼 시 개인 및 집단은 그 또는 그녀가 속한 사회에서 결혼에 대한 합법성 및 정통성을 인정받기 위해 그 지역에 계승되는 관습과 전통을 따른다. 관습과 전통은 때로 종교의 영향을 받기도 하는데 지역사회가 공유하는 관습과 전통을 따랐을 때 비로소 사회는 그 혹은 그녀를 진정한 구성원으로 인정한다.

이혼의 경우에도 한 사회 구성원의 정치·경제적 이해관계와 전통과 관습의 지배는 현격하게 나타난다. 오히려 결혼의 경우보다 이혼의 경우 개인과 개인, 집단과 집단의 이해관계는 좀 더 첨예하게 대립된다. 이혼의 권리가 누구에게 있는지, 자녀 양육에 대한 권리와 부양권은 누구에게 주어지는지, 재산의 분배는 어떤 근거에 의해 이루어지는지, 자신이 속한 사회에서 이혼남이나 이혼녀, 그리고 그 자녀에 대한 인식은 어떤지 등과 관련된 문제는 이혼 결정에 많은 영향을 미친다.

중동 이슬람 문화권의 결혼과 이혼 문화에 대한 이해가 특히 중요한 이유는 이 지역에서 사회를 구성하는 가장 기본적인 단위는 개인이 아니라 집단으로 간주되기 때문이다. 이는 부족 단위로 정착, 유목 또는 반(半)유목 생활을 했던 이 지역의 전통문화와 무관하지 않다. 중동 이슬람 문화권에서 사회의 최소 구성단위는 가족이며, 각 개인은 자신이 속한 가족과 가문에 대한 연대적인 권리와 의무를 지니고 있다. 그러므로 개인의 일은 개인적 차원을 넘어 가족 전체 혹은 부족 전체의 일로 간주된다. 한 개인의 결혼은 집안 전체 혹은 부족 전체의 축제가 되는 반면 이혼은 집안 전체의 수치가 된다. 따라서 결혼과 이혼 문화에 대한 이해는 중동 이슬람 문화권의 가족문화에 대한 이해의 초석이 될 것이다.

중동 이슬람 문화권의 결혼 및 이혼과 관련된 관행은 다양한 요소에 의해 결정되며, 이는 시대의 상황과 지역에 따라 다르게 나타난다. 그러나 결혼 문화에서 일반적으로 나타나는 공통점은 결혼 적령기의 남녀는 자신의 호감에 따라 직접 배우잣감을 선택하지 않는다는 것이다. 배우잣감은 주로 부모에 의해 선택되며, 이 지역의 전통에 따라 그 대상은 부계의 사촌이 우선적으로 선호된다. 남성의 경우 스스로 배우잣감을 찾아 결혼하는 경우도 종종 있으나 여성의 경우는 좀 더 제한적이다. 여성이 스스로 배우잣감을 찾는 경우 부모는 자녀의 행실에 의심을 품기도 하는데, 심한 경우에는 부모나 형제에 의한 명예살인이 행해지기도 한다.

무슬림 남성은 무슬림 여성에 비해 배우자 선택의 폭이 넓다. 무슬림 남성의 경우 비무슬림 여성과의 결혼은 비교적 자유로운 반면 무슬림 여성의 경우 반드시 무슬림과 결혼해야 한다. 다시 말해 무슬림 남성이 결혼하려 하는 여성이 기독교나 유대교인일 경우 그 여성은 개종 없이 그 남성과 결혼을 할 수 있으나, 무슬림 여성이 결혼하려 하는 비무슬림 남성은 결혼 전 반드시 무슬림으로 개종해야 한다. 만일 개종하지 않으면 결혼은 성립되지 않는다. 이는 부계 혈통 중심의 가부장적 관행에서 비롯된 것으로, 이슬람 문화권에서는 아버지의 종교가 자녀에게 상속된다.

이슬람식 결혼의 성립요건은 매우 까다롭다. 양가의 부모와 당사자가 모두 결혼 사실에 대해 동의해야 하며, 신랑은 신부 측에 마흐르 무까담(mahr muqqadam)이라 불리는 선불 혼납금을 결혼식 전에, 그리고 마흐르 무와카르(mahr muwakhar)라고 불리는 후불 혼납금을 이혼이나 임종 시에 반드시 지불해야 한다. 마흐르는 현금과 귀금속, 동산과 부동산 가운데 어느 형태로 지불되어도 무방하지만 마흐르 없는 결혼은 이슬람 법에 따라 무효로 간주된다. 마흐르 금액에 대한 규정은 없다. 그러나 마흐르는 보통 신랑 측의 가정형편과 신랑의 경제 능력에 따라 정해진다. 중요한 것은 마흐르 액수에 대한 결정에는 반드시 신부 측의 동의가 선행되어야 한다는 것이다. 마흐르의 소유권은 원칙적으로 신부에게 귀속되지만 신부의 부모가 마흐르를 유용하는 경우도 종종 있다.

이슬람식 결혼에 포함되는 또 다른 필수 요건은 결혼 사실을 확인해줄 증인이 반드시 필요하다는 것과 결혼 사실을 이웃에게 널리 알려야 한다는 것이다. 이웃에게 결혼 사실을 널리 알리는 방법으로 무슬림들은 축포를 쏘거나 전등으로 신부의 집 건물 벽을 장식해 집을 밝힌다. 여성들은 또한 입으로 자그라다(zaghrada)라 불리는 독특한 소리를 내 결혼의 기쁨을 표현하기도 한다.

이슬람 문화권의 이혼 관행은 이슬람의 도래와 함께 제도화되었다. 이슬람 법에 따르면 이혼의 제기는 부부간 성생활이 불가능하거나 배우자가 종신 옥살이를 하거나 오랫동안 투옥되거나 실종된 경우에 할 수 있다. 아내의 경우에는 추가적으로 남편이 가족을 부양할 능력이 없을 때 이혼을 제기할 수 있다(조희선, 2005: 115). 법적으로 무슬림 남성과 여성에게는 동등한 이혼권이 주어지지만 관습적으로 남성만이 이혼 제기권을 행사해왔으며 여성의 이혼권 행사는 상당히 제한적으로 사실상 유명무실하다. 무슬림 남성들은 증인 앞에서 "이혼이야(talaq)"라는 말을 세 번 내뱉으면 아내와 이혼이 성립된다.

가부장 중심 가족제도에 기반을 둔 중동 이슬람 문화권에서 전통적으로 결혼과 이혼에 대한 결정은 이처럼 남성에게 부여된 고유 권한으로 인식되어왔으며, 여성은 이 과정에서 공식적으로 배제되어왔다. 특히 일부다처제와 남성에 의해 주로 행사되어온 이혼권 때문에 이슬람은 타 문화권 사람들에게 미개한 종교처럼 인식되어 오해와 비난을 받아왔다.

과연 남성 중심적인 이슬람 문화권의 결혼과 이혼 제도를 이슬람의 탓으로만 돌릴 수 있을까? 이 지역의 결혼과 이혼에 관련된 젠더 이데올로기는 무엇일까? 이는 이 지역에 존재해온 기존 관습과 전통(명예와 수치: 섹슈얼리티에 대한 인식), 종교(이슬람), 사회제도(가부장제도와 법제도), 타 문화의 영향(세계화), 그리고 계층 등을 포함한 다양한 층위에서 이해되어야 한다. 결혼 결정에서 위에 언급된 요소들은 각각 개별적으로 작용하기보다는 서로 복잡하게 얽혀 작용한다. 이는 각 장에서 좀 더 자세히 다룰 것이다.

## 2. 이슬람과 젠더

　일반적으로 여성학에서는 섹스(sex)와 젠더(gender)의 개념을 구분한다. 섹스가 생물학적 관점에서 선천적으로 결정된 성의 개념인 반면 젠더는 교육과 학습을 통해 후천적으로 만들어진 문화적인 성의 개념이다. 또한 여성학에서는 가부장제도 사회구조의 틀 안에서 남성 중심의 사회화 과정이 일어난다고 주장한다. 사회화 과정을 통해 남자는 우월하다고 간주되는 남성성을, 여자는 열등하다고 간주되는 여성성을 학습하며 각각 사회에서 기대되는 남성과 여성의 이미지에 맞게 성장한다. 우월한 남성성에는 능동성·적극성·논리성·권력성·책임성 등이 있으며, 열등한 여성성에는 남성성과 이분법적으로 그러나 열등하게 배치되는 수동성·나약성·감성·의존성 등이 있다. 그러나 여성 학자들은 인간의 성성이란 본질적으로 정해진 고유한 속성이 아니라 상황에 따라 언제나 변할 수 있다고 주장한다. 이러한 맥락에서 여성이 남성과 똑같은 조건과 환경하에 성장했을 때 여성도 남성과 같은 속성을 지닐 수 있다는 구성주의적 입장을 취하고 있다.

　그렇다면 이슬람에서의 성성은 어떻게 이해되는가? 위에 언급한 여성 학자들의 관점과는 달리 이슬람 문화권에서 남성과 여성은 각각 태어날 때부터 성에 따라 본질적으로 정해진 고유한 성성을 지니고 있다고 간주된다. 특히 보수적인 코란 해석가들은 남성은 여성보다 신체적으로나 정신적으로나 능력 면에서 우월하기 때문에 정치적·경제적·사회적으로 여성의 우위에 있다고 주장한다(Barlas, 2002: 9). 이는 결혼에서도 마찬가지이다. 이슬람 사회에서 여성은 결혼 시 자신의 결혼 의사를 배우자가 될 사람에게 직접 밝히는 대신 아버지를 통해 알리며 ——아버지가 없을 경우 오빠나 삼촌을 포함한 신부 집안의 남성을 통해 ——아버지는 결혼하는 여성의 대리인으로서 신부 대신 결혼계약을 맺는다. 게다가 관습적으로 여성에게는 이혼권이 제한적인 수준에서만 부여되어왔다. 그 이유는 이슬람 사회에서 남성의 고유 권한인 이혼권이 비이성적 혹은 감성적인 존재로 여겨지는 여성에게 주어질 경우 이혼이 남발될 것이라고 믿기 때문이다. 상속의 경우에도 ——많은 경우의 수가 있지만 ——대체로 남성에게는 여성의 두 배에 해당하는 몫이 할당된다. 이는 이슬람에서는 남성을 여성의 보호자와 부양자로, 여성을 남성에 복종하고 의존하는 존재로 인식하기 때문이다.

그렇다면 정말로 무슬림 여성은 무슬림 남성에 비해 열등한 것인가? 과연 이슬람의 교리를 담고 있는 경전 코란(Quran)에는 남녀차별의 내용이 있는가? 이슬람 페미니스트들은 남성과 동등한 권리를 부여하지 않는 이슬람 문화의 근원을 이슬람의 종교적 교리에서 찾기보다 남성 중심적으로 해석된 교리와 가부장적 관습과 전통에서 찾는다. 아스마 바를라스(Asma Barlas, 2002)는 코란에 대한 남성 학자들의 가부장적 해석을 비판하고 이를 재해석하고 있다. 또한 젠더 문제에서 남성/여성, 영혼/육체, 이성/감성, 문명/자연과 같은 이분법적 해석은 그리스 문명관에 영향을 받은 것으로, 코란에는 이러한 이분법적 사상은 존재하지 않는다고 주장한다. 오히려 코란은 남성과 여성은 한 몸(a single Self)에서 나왔기 때문에 동등하다는 주장이다. 하나님이 창조한 최초의 인간은 아담이지만 아담은 히브리어로 '흙으로 된(of the soil)'이라는 뜻으로, 남성을 지칭하기보다 모든 인간을 지칭한다. 남성과 여성은 'A'와 'B'라는 개별적인 개체로 창조되었지 남성의 부산물로 창조되지 않았다는 것이다. 즉, 보편적인 남성인 'A'라는 개체와 'A'가 아니거나 혹은 부족한 'not A'로 창조된 것이 아니다. 바를라스는 오히려 기독교에서 말하는 ── 남성인 아담에게 필요했기 때문에 창조된 ── 하와의 탄생 배경과 여성을 죄악시하는 원죄설 때문에 성에 따른 불평등이 생겼다고 주장한다. 그러면서 이슬람에서는 원죄설을 인정하지 않기 때문에 성에 의한 차별도 없다는 이슬람 옹호론을 펼치고 있다. 결론적으로 바를라스는 이슬람 문화권에서 남성에 비해 열등한 여성의 지위는 이슬람의 종교적 교리 자체에 기인한 것이라기보다 이를 해석하는 남성 주석가들과 가부장제라는 사회제도와 관습에 기인한 것이라고 주장한다. 즉 코란은 남성과 여성의 차이를 강조하는 것이지 차별을 강조하지는 않는다는 것이다. 그러나 바를라스의 주장 역시 지나친 이슬람 옹호론의 입장을 취하고 있다.

이슬람의 교리는 비록 남자와 여자의 성에 따른 차별관을 내포하고 있진 않지만 남성과 여성의 차이점과 이에 따른 역할의 분리를 가르치고 있다. 이와 관련해 코란 4장 34절에는 다음과 같은 언급이 있다.

> 남성은 여성의 보호자라. 이는 하나님께서 여성들보다 강한 힘을 주셨기 때문이라. 남성은 여성을 그들의 모든 수단으로써 부양하나니 건전한 여성은 헌신적으로 남성을 따를 것이며 남성이 없으면 남편의 명예와 자신의 순결을 보호할 것이라(최영길 역, 2003: 139~140).

위의 코란 구절은 여성을 보호하고 부양하는 남성의 역할과 이에 여성이 복종할 것을 강조하고 있다. 이와 관련된 이슬람의 종교 교리는 결혼을 할 때에도 나타난다. 코란에 언급된 무슬림의 결혼 조건 가운데 하나는 남성이 여성보다 경제적으로 상류계층 출신이어야 한다는 것이다(El-Alami, 1992: 68~69). 여성은 결혼 전에 자신이 아버지의 보호 아래 누리던 모든 혜택 혹은 그 이상을 결혼 후 남편으로부터 제공받아야 하기 때문이다. 남편의 능력이 이에 못 미칠 때 아내는 가계를 위해 사회에 참여하게 될 것이고, 이는 결국 가정에서 남성의 권위가 실추되는 것이라고 가르친다. 즉 이슬람에서는 남성과 여성의 차이를 인정하며 성에 따라 다른 책임과 의무를 부여하고 있다.

젠더 문제에서 이슬람의 교리는 종종 정치적으로 이용당하기도 한다. 20세기 중반 서구에서 독립한 신생 중동 국가들은 국가의 현대화를 적극 추진했다. 여성의 노동력은 새로운 국가 건설에 절실히 필요했고 이를 위해 국가는 남성과 평등한 여성의 권리와 의무를 내세우며 교육과 고용 부분에서 여성의 사회 진출을 전략적으로 강조했다. 이집트의 경우 1950년대 서구의 식민주의에 대항한 근대 정부가 설립되자 민족주의가 부상했다. 이집트는 대부분 외국 소유의 회사를 국유화했고 노동력을 자국민으로 대체하기 위해 국내에 거주하는 외국인을 추방한 바 있다. 당시 부족한 노동력을 메우기 위해서는 필히 여성이 교육을 받아 노동시장으로 진출해야 했고, 따라서 여성의 사회참여는 국가 차원에서 권장되었다. 이러한 사회 분위기에서 당시 많은 여성이 사회에 진출할 수 있었고 여성들의 활동영역은 이슬람의 전통이 규제하던 사적 공간인 가정을 넘어 공적 공간으로 옮겨갔다. 무슬림 여성이 공적 공간에서 활동하는 것에 대해 사회적 제재 또한 없었기 때문에 무슬림 여성들은 실질적으로 공·사적 공간을 자유로이 넘나들며 사회활동을 할 수 있었다. 그러나 1980년대 이후 이집트 여성의 사회 진출은 오히려 줄어들기 시작했다. 그 배경으로는 1980년대부터 1990년대에 걸쳐 걸프 지역으로 이주했던 이집트 남성의 대대적인 역이민으로 인한 남성 노동력 증가, 일련의 중동전쟁에서 이스라엘 연합군 측에 패배하여 일어난 반서구·친이슬람 운동, 그리고 1979년 이란 혁명을 계기로 본격화된 이슬람 원리주의 운동으로 인한 이집트 사회의 이슬람화 등이 있다. 게다가 이집트는 사다트 정부의 개방정책으로 세계경제에 편입되면서 고질적인 실업 문제에 봉착하게 된다. 이러한 사회 분위기 속에서 이집트 정부는 과잉 공급된 노동력을 전략적으로 줄이기 위해 여성을 가정으로 돌려보내야 했고 이를 정당화하기 위해 이슬람의 전통적인 가치를 강조했다. 여성이 가정으로 돌아갔을 때 남성을 위한 고용시장이 확대될 수 있기 때문이었다. 당시의 사회 분위기에서 공적 영역에서 여성의 활동은 반이슬람적으로 받아들여졌으며, 여성들 사이에 이슬람의 전통 의상인 히잡이 다시 등장하기 시작했다.

이러한 현상은 쿠웨이트에서도 나타났다. 1970년대에 쿠웨이트 정부는 서구의 영향을 받아 국내에서 민주주의 운동 세력을 약화시키기 위한 전략으로 친이슬람 정책을 펼친 바 있다. 이집트 사회와 마찬가지로 친이슬람 사회 분위기 속에서 당시 남성과 동등한 권리를 얻기 위한 여성들의 정치적 요구는 반이슬람적으로 받아들여졌고 쿠웨이트 여성들의 참정권을 얻기 위한 캠페인도 물거품이 되었다.* 당시 쿠웨이트 내에서 일어났던 여성운동은 남성들뿐 아니라 일부 보수적인 여성들의 비난을 사기도 했다. 페미니스트들은 이러한 현상을 가부장제도가 사적 영역인 가정의 범위를 넘어 공적 영역인 국가 차원으로 확대된 '신가부장제(Neopatriarchy)' 혹은 '국가 가부장제(State patriarchy)'라고 지칭하면서 여성들을 사적 가부장제와 공적 가부장제의 희생양으로 간주했다. 노동력이 부족할 때 여성은 노동력의 제공자로서, 전쟁 시에는 투쟁가로서, 혁명기에는 동지로서 환영을 받았으나 공공의 목적이 달성되거나 외부로부터의 위협이 사라지면 다시 자신들 본연의 영

---

* 쿠웨이트에서 여성에게 참정권이 부여된 것은 2005년이다.

역으로 인식되는 가정으로 돌아오게 된다는 것이다.

## 3. 가부장제도와 젠더

가부장제도(patriarchy)란 일반적으로 가장이 가족 성원에게 행사하는 일방적인 권위 혹은 지배라고 정의할 수 있다. 가부장제도 안의 젠더 관계는 문화에 따라 달리 나타난다. 예컨대 나이에 상관없이 인간과 인간의 관계를 동등하게 보는 서구에서 가부장제도는 주로 남성과 여성의 관계와 이들 간의 권력관계 및 지배구조에만 초점이 맞추어진다. 영국의 페미니스트인 실비아 월비(Sylvia Walby)는 『가부장제 이론』(1990)에서 가부장제도를 "남성이 여성을 지배하고 억압하고 착취하는 사회구조와 관습의 체계(41)"로 정의하면서 남성을 전적으로 가부장제도의 수혜자, 여성을 희생자로 이해했다. 월비는 가부장제도의 정의에 세대를 포함시키는 것은 가부장제도 구조 이해에 혼란을 초래하기 때문에 세대관계를 분석의 대상에 포함시키지 않는다고 언급했다. 그러나 월비의 가부장제 이론은 나이에 따라 남성 - 남성, 남성 - 여성, 여성 - 여성 간 위계질서가 분명한 '동양' 문화권에 그대로 적용할 수는 없다. 왜냐하면 우리와 마찬가지로 중동 이슬람 문화권에서 세대라는 요소가 가부장제도 이해에 중요한 변수로 작용하기 때문이다.

중동 이슬람 지역을 연구하는 여성 학자들은 각기 다양한 방식으로 이 문화권에서 행해지는 가부장제도를 분석한다. 중동 이슬람 지역 가부장제도를 정의한 대표적인 학자는 데니즈 칸디요티(Deniz Kandiyoti, 1991)와 수아드 조셉(Suad Joseph, 1999)이 있다. 데니즈 칸디요티는 남성 위주의 사회구조 내에서 여성들이 자신의 이익과 생존을 위해 사회의 관습 및 제도와

벌이는 거래와 협상과정에 초점을 맞추었고 이를 '가부장제도와의 거래 (bargaining with patriarchy)'라고 지칭했다. 반면 수아드 조셉은 제도 그 자체보다는 제도 내에서 일어나는 가부장과 그를 둘러싼 인간관계에 초점을 맞추었고 그들이 서로 어떻게 연계되어 있는지 그리고 가부장제도를 유지시키는 배경에는 무엇이 있는지를 심리적 접근을 통해 분석했다. 조셉은 이를 '가부장적 연계(혹은 연대, patriarchal connectivity)'로 명명했다.

좀 더 자세히 설명하면, 먼저 데니즈 칸디요티는 중동의 가부장제도 내에서 여성은 남성에게 복종할 뿐만 아니라 자신보다 나이가 많은 다른 여성에게도 지배를 당한다고 언급한다. 대표적인 예가 고부간의 갈등이다. 전통적인 가부장제 농경사회에서 갓 결혼한 여성에게는 집안의 남성(시아버지와 남편)에 대한 복종이 요구될 뿐만 아니라 집안의 어른인 시어머니나 손위 동서에 대한 복종도 요구된다. 즉 칸디요티는 남성이 여성을 지배하는 가부장 구조 내에 모계 중심의 또 다른 권력구조가 존재한다고 본다. 가부장제도 안에 존재하는 모계 중심 사회(matriarchy)에서는 여성의 여성에 의한 억압과 갈등 구조(어머니 - 며느리)와 여성의 남성에 대한 권력 행사(어머니 - 아들)의 양상이 동시에 일어난다. 가부장 구조 내에서 여성은 자녀의 출산을 통해 권력을 획득하며, 이때 아들은 여성의 권력형성에 가장 중요한 자원이 된다. 이러한 이익 때문에 가부장제도하에는 남아선호 사상이 지배적이다. 칸디요티에 따르면 남성 위주의 가부장제도 틀 안에서 젊은 여성은 현존하는 사회적 차별에 정면으로 대항하기보다 훗날에 있을 보상을 바라며 기존의 가부장제도를 인정하고 수용한다. 그러나 그들은 기존의 관습과 전통을 수동적으로 받아들이기보다 이를 적극적으로 이용해 기존의 구조적 틀에서 다양한 전략을 동원해 보이지 않는 투쟁을 한다. 이를 통해 여성들은 자신

의 안정을 꾀하는 동시에 이익을 극대화한다. 칸디요티는 여성들의 가부장
제도와의 일련의 협상 과정을 'bargaining with patriarchy(가부장제도와의 거
래, 또는 협상)'라고 정의했다. 즉 여성들은 가부장제도의 틀 안에서 때로는
제도에 대항하고 때로는 이를 수용하면서 가부장제도의 재생산에 적극적으
로 개입한다. 칸디요티는 이슬람, 힌두, 유교문화권이 'bargaining with pat-
riarchy'의 예를 보여주는 대표적인 문화권에 있다고 주장한다.

　중동 이슬람 지역의 가부장제도를 분석하기 위해 칸디요티가 구조적인
접근을 시도한 반면, 조셉은 심리적인 접근을 통해 어떻게 가부장제도가 재
생산되는지를 분석했다. 칸디요티와 마찬가지로 조셉은 가부장제에서 젠더
관계뿐만 아니라 세대 관계도 분석의 대상에 포함했으며, 중동의 가부장제
도가 남성과 연장자에게 특권을 부여한다고 주장했다. 가부장제도는 성과
나이에 의한 남성의 여성에 대한 지배를 정당화하는데, 개인이 이러한 사회
의 질서를 내면화할 수 있는 원동력은 관습과 전통에 기반을 둔 이슬람의
도덕규범이다. 모든 인간관계 중에서 특히 가족애가 중시되는 중동 이슬람
지역에서 개인의 사회화는 가족 간의 연대감과 강한 유대감을 바탕으로 일
어난다. 가족 구성원들의 연대감은 가족의 보호자이며 책임자인 가부장을
중심으로 피보호자들 간에 거미줄처럼 연결되어 있다. 이들의 관계는 일상
문제에 대한 서로의 개입과 책임감, 사랑 등의 감정이 서로 복잡하게 얽혀
일어나며, 가족 구성원은 가부장을 중심으로 상대방을 자신의 일부, 즉 또
다른 자아로 간주한다. 조셉은 가부장제도에서 성원들과의 관계를 애정과
책임에 바탕을 둔 지배와 복종의 관계로 이해해야 한다고 언급하면서 이를
'patriarchal connectivity(가부장적 연대)'로 개념화했다. 중동 이슬람 지역에
서 개인의 명예와 수치와 관한 문제는 개인의 차원을 넘어 가족 전체 또는

더 나아가 가문 전체의 명예와 수치 문제와 직접 관련되어 있다. 그 때문에 가족의 일부가 명예로운 일을 했거나 다른 가족에게서 피해를 받았을 경우 가족 전체 혹은 부족 전체가 이에 더욱 민감하게 반응하는 것도 가족들 간에 끈끈하게 형성된 유대감, 즉 가부장을 중심으로 연계된 책임과 사랑 때문이다. 이처럼 칸디요티와 조셉은 각각 'bargaining with patriarchy(가부장제도와의 거래)'와 'patriarchal connectivity(가부장적 연대)' 이론에서 중동 지역 가부장제도의 역동성과 재생산의 원동력에 대해 지적하고 있다.

그렇다면 남성은 가부장제도하에서 권력의 정점에 서 있는 일방적인 권력의 행사자인 반면 여성은 남성의 권력 행사에 복종해야만 하는 일방적인 피해자인가? 과연 가부장제에서 행사되는 권력의 성격은 무엇인가? 권력의 정의는 학문의 성격과 분야에 따라 다양하다. 일반적으로 권력이란 "다른 사람이 원하지 않는 일을 하게 만드는 힘, 사람이나 물건에 실제적으로 행사할 수 있는 힘, 행위자 개인이나 집단의 권리에 관한 문제에 대신 결단을 내리는 힘(Inhorn, 1996: 10) 등"을 지칭한다.* 그러나 중동의 여성 학자들은 젠더 관계와 권력을 개념화하는 데 전통적인 권력 개념 대신 푸코의 이론을 빌려 권력의 성격을 정의하고 있다.

푸코는 모더니즘의 거시적인 관점에서 이해되어왔던 권력의 개념을 미시적인 관점에서 분석했다. 다시 말해 푸코는 정책 결정자가 행사하는 공식적인 권력의 개념을 해체해 비공식적이고 일상생활에서 행사되는 일반인들의 권력관계에 관심을 두었으며 권력을 행위자들 간에 행사되는 영향력으로

---

\* 권력(power)은 권위(authority)와는 다르다. 권위란 단순히 어떤 특정한 결정을 할 수 있는 권리나 위계질서에 의해 다른 사람에게 명령하거나 다른 사람의 의사를 제어할 수 있는 능력을 지칭한다(Inhorn: 1996: 10).

정의했다. 푸코에 따르면 권력은 "개인, 집단, 계층의 강화되고 단일화된, 타인을 지배하는 현상으로 간주되어서는 안 되며…… 권력은 순환하며 사슬의 형태로 기능하기 때문에 어느 한 곳에 집중되지 않고 또 누구의 손에 정착되지도 않는다. …… 권력은 그물망 같은 조직을 통해 사용되며 행사된다. …… 따라서 개인도 권력의 행사자이다"(MacLeod, 1991: 20에서 재인용)라고 언급한 바 있다. 따라서 푸코에 의해 강압적이고 제압적이며 하향식 구조를 갖춘 전통적인 권력의 의미는 재해석되었다. 푸코의 권력이론을 빌려 무슬림 여성의 권력을 정의한 학자들은 권력의 성격 중 '영향력'에 중점을 두었다. 이들은 여성이 행사하는 권력의 성격은 비록 비공식적이지만 여성도 권력의 행사자라는 것을 부각시켜왔다. 특히 신시아 넬슨(Cynthia Nelson, 1974)은 권력의 개념을 '상호 간 영향력(reciprocity of influence)'에 의해 만들어지는 사회적 관계라고 재해석했다. 넬슨은 남성만 여성에게 권력을 행사하는 것이 아니라 여성 또한 남성에게 간접적으로 영향력을 행사하며, 이는 결국 남성의 결정권 행사에도 영향을 미친다고 주장한다. 중동 이슬람 지역에서 행해지는 양가의 결혼협상을 예로 들면, 비록 결혼에 대해 최종 결정을 내리며 이를 상대방에게 공식적으로 알리는 역할은 남성들의 몫이지만 남성들이 결정을 내리기까지 여성들은 배후에서 남성들에게 영향력을 행사한다. 여성들은 자신의 인맥을 총동원해 상대방에 대한 정보를 수집하고 남성들은 여성들이 수집한 정보에 의존해 의사를 결정한다. 넬슨은 젠더와 권력관계에 대한 오해는 그동안 여성의 공간에 접근이 불가능했던 남성 학자들의 인식에서 비롯되었다고 주장한다. 여기에서 지칭하는 여성의 공간이란 사적인 공간, 즉 가정에서 일어나는 가사 또는 육아와 관련된 '여성의' 일을 포함한다. 비록 표면적으로 무슬림 여성은 무기력한 존재로 인식되지만 실질적으로 사적 공간에서 여성은 어머니로서, 그리고 아내로서 남성 이상의 중대한 영향력을 행사한다. 권력의 개념을 이처럼 상호 간의 영향력으로 확장한다면 결국 중동 여성들도 일상생활에서의 권력의 행사자로 간주되며 따라서 정치적 존재라고 간주할 수 있다.

## 4. 법제도와 젠더

중동 이슬람 문화권 국가들의 법제도는 대부분 코란에 근거를 둔다. 무슬림들의 일상생활을 규정하는 법을 일컬어 샤리아(shari'a)라고 부르는데, 이는 알라(Allah)의 말이 담긴 코란과 예언자인 사도 무함마드의 언행이 기록된 하디스(Hadith)*에 근거해 제정된 법체계이다. 샤리아는 알라의 계시를 바탕으로 제정되었기 때문에 이론상으로는 가장 완벽한 법체계이며 보완과 개혁은 할 수 없다. 그러나 예언자 사후 사회가 복잡해지고 발전함에 따라 법 해석과 적용은 다양해질 필요성이 있었다. 이에 법학자들인 울라마('ulama)들은 추리(qiyas: 끼야스)나 합의(ijma': 이즈마)를 통해 기존의 코란과 하디스 구절이 취급하지 못한 사건에 대한 법체계를 구축했다. 서기 900년경 울라마들은 더 이상의 법 해석은 필요치 않다는 합의에 이르렀고, 샤리아의 형식도 완성되었다. 이때 성립된 이슬람 성법은 오늘날까지 그대로 보전되고 있다. 비록 이슬람 성법을 보완하는 것은 불가능해졌으나 법학자들은 과거의 법을 현재의 변화된 상황에 맞게 새롭게 적용시켜야 했고, 이를 해석

--------

* 이슬람의 경전인 코란 다음으로 권위 있는 책. 사도 무함마드의 순나(suunah, 관행)를 수록하고 있다. 하디스의 사전적 의미는 '이야기' 또는 '전승'이다.

하는 방법은 이슬람 법학파에 따라 보수에서 온건에 이르기까지 다르게 나타났다. 이슬람 법학파는 크게 네 학파가 있으며, 이들은 창건자의 이름을 따서 불린다.

첫째, 하나피(Hanafi) 학파는 아부 하니파(Abu Hanifah, 767년 사망)가 이라크 쿠파에서 창립했다. 하나피 학파는 4대 법학파 중 법 해석이 가장 융통성 있다고 알려져 있다. 이 학파는 코란, 하디스, 이즈마와 끼야스를 이슬람 법의 바탕으로 인정하면서 지역의 관습을 부차적인 법의 근원으로 받아들이고 있다. 과거 오스만 터키가 이 교의를 공인했고 오늘날에는 터키, 중앙아시아와 파키스탄, 인도의 무슬림들이 이 법학파를 따르고 있다.

둘째, 말리키(Maliki) 학파는 말리크 이븐 아나스(Malik Ibn Anas, 713~795)가 창립한 법학파로, 하나피 학파와 마찬가지로 코란, 하디스, 이즈마와 끼야스를 이슬람 법의 바탕으로 인정하고 있다. 그러나 말라키 학파가 인정하는 이즈마는 하나파 학파와 다르다. 말라키 학파는 예언자가 10년 동안 통치하고 그 후 그의 후계자가 25년 동안 통치한 메디나 법만을 인정한다. 말리키 학파가 다루는 법의 범위는 무슬림들의 기도, 금식 방법, 사업(business)하는 방법 등 다양하다. 오늘날 말리키 학파는 북아프리카, 수단, 중앙 및 서부 아프리카 지역의 법체계로 남아 있다.

셋째, 샤피(Shafi'i) 학파는 무함마드 이븐 이드리스 알 샤피(Muhammad ibn Idris al-Shafi'i, 767~819)에 의해 창건되었으며, 처음에는 말리키 학파에 소속되어 있었다. 샤피 학파는 하디스의 지침에 중점을 두고 있으며, 오늘날 아라비아 반도 남쪽, 바레인, 아프리카 동쪽, 중앙아시아 일부, 말레이 군도 일부에 지배적인 법체계로 남아 있다.

넷째, 한발리(Hanbali) 학파는 아흐마드 한발리(Ahmad b. Hanbali, 855년 사

망)에 의해 창건되었다. 한발리 학파는 세 파의 변질적인 해석에 강력히 반발하고 예언자인 사도 무함마드의 통치하에 있던 순수한 이슬람으로 돌아갈 것을 주장한다. 한발리 학파는 4대 법학파 중 가장 엄격하다고 알려져 있으며 현재 사우디아라비아와 일부 걸프 지역 국가를 지배하는 법학파로 남아 있다.

코란에 언급된 이슬람의 교리 자체가 바를라스(Barlas, 2002)의 주장대로 남성과 여성의 차이를 인정한 평등을 주장할지라도 일상생활에서 무슬림들의 행동양식을 지배하는 법체계는 상당히 남성 중심적이다. 이는 특히 가족법에서 여실히 드러난다. 이슬람 세계의 가족법은 ─ 물론 국가에 따라 달리 적용되지만 ─ 결혼, 이혼, 상속과 관련된 법 규정에서 남성에 더 우호적이다. 결혼의 경우 무슬림 남성이 유대교와 기독교 여성과 비교적 자유롭게 결혼을 할 수 있는 반면 비무슬림 남성은 무슬림 여성과 결혼을 할 수 없다. 이들이 결혼을 원할 경우 남성은 결혼 전 반드시 이슬람으로 개종해야 한다. 또한 무슬림 국가 남성의 국적은 자동적으로 자녀에게 부여되는 반면 무슬림 여성은 자신의 국적을 자녀에게 상속할 수 없다. 따라서 어머니의 국적을 따르지 못하는 무슬림 자녀들은 자신이 태어나고 거주하는 나라에서조차 외국인 취급을 받고 있으며 국가가 제공하는 교육과 건강 관련 복지 혜택은 전혀 누릴 수 없다. 걸프 지역에서는 다양한 복지정책도 남성의 이름으로만 수혜받을 수 있다. 예컨대 쿠웨이트의 경우 이혼한 여성은 국가가 임대하는 아파트를 자신의 이름으로 얻을 수 없을 뿐만 아니라, 사우디아라비아 같은 곳에서는 여성에게 운전이 금지되어 있고 보호자 없이 돌아다니는 것은 엄격히 제한된다. 즉 여성은 남성과 같은 시민권을 누릴 수 없고 개별적인 존재로 인정받지 못하는 형편이다.

무슬림 남성은 법적으로 부인을 동시에 네 명까지 둘 수 있다. 물론 코란은 한 명 이상의 여성과 결혼할 경우 부인 모두에게 물질적으로나 정신적으로, 심지어 잠자리의 횟수까지 공평하게 대할 것을 강조하긴 하지만 이는 개인의 양심과 관련된 문제이므로 법으로 제재하기는 어렵다. 무슬림 사회의 이혼권의 경우 이혼 제기권은 관습적으로 남성에게만 주어지며 남성은 이혼 선언을 통해 비교적 쉽게 부인과 이혼할 수 있다. 물론 타당한 이유 없이 이혼하게 될 경우 남성은 이웃의 비난을 받고 어떠한 경우라도 후불 혼납금을 지불해야 한다는 경제적 부담을 안게 되지만, 이 역시 남성의 양심과 경제적 능력에 관련된 문제로 법적인 제재는 없다. 여성에게 이혼권이 주어지지 않는 가장 큰 이유는 여성이 남성에 비해 감성적이며 비이성적이라는 인식이다. 무슬림들은 여성에게 이혼권이 주어질 경우 이혼이 남발될 것이라고 주장한다. 상속도 경우에 따라 달리 적용되지만 일반적으로 여성에게는 남성의 반에 해당하는 재산만이 상속된다. 이는 남성이 여성의 보호자이며 부양자라는 코란의 계시와 무관하지 않는데, 아버지가 사망할 경우 딸에 대한 책임은 남자 형제에게 부여되기 때문이다. 이처럼 가부장 중심의 사회제도 틀 안에서 여성은 남성에 비해 사회적 차별을 받으며, 많은 페미니스트들은 남성 중심의 법을 개정할 것을 요구하고 있다.

## 5. 섹슈얼리티와 젠더: 명예와 수치

모든 사회에는 남성과 여성에 대한 이상적인 이미지, 성성, 성 역할이 있다. 중동 이슬람 문화권에서 무슬림들의 행동규범을 제시하는 가장 큰 가치는 아랍어로 샤라프(sharaf)라고 불리는 명예의 개념이다. 이 지역 사람만큼 자신에 관해 타인의 입에 오르내리는 평가와 소문에 민감한 사람들은 없을 것이다. 중동 이슬람 문화권 사람들은 특히 가문의 명예 보존을 목숨보다 중시한다. 따라서 타인에 의해 자신의 명예가 손상되었을 때 이들의 분노는 극에 달한다.

피트 - 리버스(Pitt-Rivers, 1977)에 따르면 명예란 개인이 자신을 평가하는 스스로의 가치를 의미할 뿐만 아니라 사회가 그를 판단하는 눈, 즉 사회의 잣대에 의해 평가된 개인의 가치를 의미한다. 사회마다 그 사회에 부합되는 명예와 수치에 대한 기준은 다르다. 베드윈 사회에서의 명예와 수치 개념을 연구한 스튜어트(Stewart, 1994)는 중동 이슬람 문화권에서의 명예의 개념을 크게 네 가지 성격으로 분류했다. 비록 이집트 지역에 거주하는 베드윈을 연구 대상으로 한정했으나, 이 연구결과는 중동 이슬람 지역에서의 명예 개념을 이해하는 데 매우 유용하다. 스튜어트에 따르면 베드윈 지역에서 명예의 성격은, 첫째로 외향적이며 외면적(outer)이다. 사람들은 자신의 내면적 가치와 내실을 중시하는 것보다 남이 하는 평가에 많은 비중을 둔다. 이 때문에 체면을 중시하는 문화가 발달했는데, 사람들은 이웃과 대중에 좋은 이미지를 유지하며 항상 자신의 체면과 명성을 지키려고 노력한다. 둘째로, 명예와 수치는 개인적인 일에 한정된 것이 아니라 집단적(collective)이다. 한 개인의 명예스럽거나 수치스러운 일은 개인의 차원을 넘어 가문 전체의 명예나 수치와 연관된다. 중동 이슬람 문화권에서 사회를 구성하는 최소 단위는 개인이 아니라 가족으로 간주되기 때문이다. 따라서 개인의 행동은 가족에 의해 규제받는다. 셋째로, 명예는 수직적(vertical)이다. 명예에도 위계질서가 있어 대체로 사회에서 명망 있는 자나 연장자가 자신의 아랫사람에게 권위를 갖고 이들에게 명령하며 아랫사람은 이에 복종한다. 반항이나 불복종은 서로의 명예에 타격을 입힌다. 넷째로, 명예는 또한 경쟁적이어서 (competitive) 사람들은 자신이 다른 사람보다 우위에 있다는 것을 보여주고 싶어 한다. 중동 이슬람 문화권 사람들이 타인의 결혼식 규모에 호기심을 갖고, 얼마나 많은 사람들이 결혼식에 초대되었는지, 어떤 음식이 제공되었는지, 신부가 신랑 측에게서 혼납금인 마흐르를 얼마나 받았는지에 특히 민감한 이유가 바로 이들의 경쟁적인 명예문화 속에 살고 있기 때문이다.

젠더와 관련된 중동의 명예와 수치의 개념은 이분법적으로 이해되어왔다. 남성의 명예는 주로 샤라프(sharaf)로 표현된 반면, 여성의 명예는 이르드('ird)로 표현되어왔다. 샤라프는 남성이 남성으로서의 의무를 지킬 때 완성된다. 예컨대 남성이 자신의 고귀함과 위엄을 지키며 여성들을 보호하고 용맹스러운 행동을 했을 때 그는 이웃들에게 칭송을 받으며 명예로운 남성으로 간주된다. 반면 여성의 명예는 몸과 관련된 여성의 행동거지와 관련이 있다. 여성은 정숙하고 정조와 순결을 지킬 때 명예로울 수 있다. 여성의 명예는 특히 여성의 몸과 직접적으로 관련이 있기 때문에 일단 실추되면 다시는 돌이킬 수 없다. 만일 결혼이란 제도 밖에서 여성이 이성과의 관계를 의심받고 힐책당한다면 그 여성의 명예는 영원히 손상된다. 일단 여성의 명예가 손상되면 여성은 이를 다시 회복할 수 없다. 여성의 명예 상실은 때로 명예살인이라는 죽음으로 귀결된다. 이처럼 남성과 여성에게 부여된 명예의 성격은 다르다. 남성이 적극적이며 능동적으로 명예를 획득하는 반면 여성은 소극적이며 수동적으로 이를 지키며 유지한다. 여성의 순결과 정조에 관련된 행동은 그녀의 명예 자체를 나타내며, 남성의 명예는 기본적으로 집안 여성들의 정조를 지키고 이를 보호하는 능력에 달려 있다. 여성의 명예를 지키는 것은 남성의 의무이며, 여성의 부도덕한 행위는 남성에게 불명예로 작용한다.

명예와 수치의 이분법적 시각은 가부장제도의 섹슈얼리티에 대한 인식에서 그 원인을 찾을 수 있다. 가부장제도의 틀 안에서 여성의 명예는 주로 성성에 국한되어왔다. 여성의 성은 남성 중심 사회의 잠재적인 위협으로 인식되었고, 따라서 중동 이슬람 문화권 여성은 순결을 지키기 위해 소극적인 방법에 의존해왔다. 그 예로 과거 무슬림 여성들은 관습과 전통에 따라 공적 공간에서 분리된 여성들만의 사적 공간인 하렘에 거주했다. 만일 불가피하게 외출을 해야 할 때 무슬림 여성은 사적 공간을 넘어 공적 공간으로 넘어서는 순간부터 자신의 명예를 보호하기 위해 베일을 두르거나 보호자를 동반했다. 이를 지키지 않을 경우 여성은 도덕성을 의심받게 되며 '헤픈 여성'이라는 비난을 받았고, 이러한 불명예를 씻기 위해 일부 가족들은 딸이나 여동생을 살해하기도 했다. 이를 명예살인이라고 한다.

여성의 명예 보호를 위해 아프리카 일부 지역에서는 할례를 통해 여성의 성성을 억제해왔다. 할례란 여성의 음핵 일부를 절단하거나 전체를 제거한 뒤 봉합하는 시술로, 일반적으로 혼전 여성의 처녀성을 보존하는 한 방법으로 인식되어왔다. 할례는 —— 비록 중동의 일부 지역에 한정된 문화이긴 하지만 —— 결혼 전까지 그 가족이 여성의 순결을 제어하는 수단으로 이용되고 있다. 이처럼 여성의 순결은 결혼 전까지 필수적으로 지켜야 할 요건으로 간주된다. 결혼 첫날 밤 신부의 처녀성이 의심받을 경우 그 여성은 남편에게 버림받거나 자신의 가족에 의해 명예살인을 당하기도 한다. 이를 미연에 방지하기 위해 신부 어머니는 신부에게 결혼 첫날밤 만약을 위해 사용할 짐승 피를 제공하기도 했다. 여성의 처녀성은 결혼계약서 작성 시 혼납금 결정에 많은 영향을 미친다. 신랑 측은 일반적으로 신부가 초혼일 경우 혼납금을 재혼일 때보다 많이 책정한다. 이에 대해 이슬람 페미니스트들은 이슬람 지역의 가부장적 관습이 여성의 성을 상품화하며 여성은 남성의 성적 소유물로 취급된다고 비판하고 있다.

## 6. 계층과 젠더

중동 이슬람 사회에서 계층에 대한 연구는 지금까지 활발히 이루어지지 않았다. 마르크스주의자의 정의에 따라 계층을 생산수단에 대한 소유와 지배의 관계로 단순하게 개념화하기에는 중동 이슬람 사회의 계층을 결정하는 요소는 복잡하다. 실제적으로 개인의 부가 계층 판단의 중요 요소로 작용하는 타 문화권과는 달리 오늘날 중동 이슬람 지역에서는 부 이외에도 출신 부족, 예언자인 사도 무함마드와의 혈통관계, 과거 조상의 명예와 업적 등 전통적인 요소와 수입, 직업, 교육과 생활수준 등 현대적인 요소가 계층의 소속감을 결정하는 중요 요소로 작용한다. 계층에 따라 여성들의 삶은 달리 나타나고 그들을 지배하는 이슬람의 가부장 이데올로기도 다르다. 가장 보수적이라고 알려진 걸프 지역의 경우 우리가 생각하는 것처럼 모든 계층의 여성에게 남녀유별 문화가 지배적이지는 않다. 그리고 가정의 재원을 제공하는 남성의 역할과 가정의 관리자인 여성의 역할이라는 성에 따른 이분법적 젠더 이데올로기 또한 획일적으로 적용되지 않는다. 일상생활에서 이슬람의 교리와 가부장제도의 젠더 이데올로기는 계층에 따라 달리 나타난다.

예컨대, 걸프 지역 여성들의 삶은 이 지역에서 석유가 생산되기 이전과 석유가 생산되고 오일 달러가 유입되기 시작한 이후에 계층에 따라 달리 나타났다. 쿠웨이트 여성의 삶을 연구한 알 무그니(Al-Mughni)의 저서 *Women in Kuwait: The Politics of Gender*(2001)는 이를 잘 보여준다. 석유 생산 이전 쿠웨이트의 상류층 여성들은 전통과 관습에 따라 공적 공간에서 격리된 삶을 살았다. 특히 무역업을 위해 몇 개월 동안 집을 비워야 하는 상류층 상인 남성들은 더욱 심하게 여성을 감시했고 이동을 엄격히 규제했다. 상류층 여성들이 격리될 수 있었던 것은 부 때문이었다. 상류층 여성들은 이동의 자유가 제한되어 가정에서 고립되는 대신 자신들의 역할을 담당해줄 저소득층 여성의 노동력을 고용했다. 저소득층 여성들은 상류층 여성을 대신하여 집안일과 쇼핑을 했고 육아를 담당했다. 저소득층 여성들은 가족의 생계를 위해 사회활동에 참여해야 했던 것이고, 따라서 상류층 여성에 비해 이동이 자유로웠다. 특히 저소득층 남성들이 당시 걸프 지역의 주된 수입원이었던 진주 채취를 위해 몇 개월 동안 바다에 나가 있는 동안 여성들은 가사 일을 혼자 도맡으며 생계를 꾸려야 했다. 즉, 저소득층 여성은 가정의 생계를 책임져야 하는 남성의 역할과 가사와 양육을 담당해야 하는 가정의 관리자 역할을 동시에 떠맡은 것이다. 따라서 저소득층 여성은 남녀유별이라는 이슬람의 가치에 대해 상류층 여성에 비해 비교적 자유로웠다.

그러나 석유 생산 이후 여성의 삶은 급변했다. 여성의 삶을 극적으로 변화시킨 사람들은 대부분 외국에서 신교육을 받은 상류층 남성이었다. 이들은 서구와 아랍 세계에서 출판된 지식인들의 저서를 다양하게 읽었고, 고국에 돌아와 국가 발전과 국민 계몽을 위한 현대화 운동을 추진했다. 서구를 모델로 한 현대화 운동은 여성들의 계몽운동과 사회참여 의식 고조와 직접적으로 연결되었다. 국가 현대화의 일환으로 전개된 사회 계몽운동 덕에 상류층 여성들은 기존에 자신을 억압하던 남녀 격리 문화에서 벗어나 비교적 자유롭게 해외에서도 고등교육의 혜택을 받을 수 있었다. 반면 중산층이나 저소득층 여성의 경우 국내에 고등교육기관이 설립되기 전까지 교육의 혜택을 충분히 받지 못했고 따라서 중·저소득층 여성들은 전문직 진출이 어려웠다. 오일 달러가 유입되자 석유 수입이 증가한 걸프 지역의 정부는 복지국가 실현을 목표로 국가정책을 펼쳤다. 정부는 저소득층 남성의 노동력을 석유 분야와 공공 분야에서 흡수하기 시작했으며 이들은 더 이상 진주를 채취하기 위해 바다에 나갈 필요가 없게 되었다. 남성들은 국가에서 지급되는 각종 복지혜택과 고정 수입으로 경제적인 자립을 할 수 있게 되었고 더 이상 여성의 수입에 의존할 필요가 없었다. 이러한 상황은 저소득층 여성의 삶에도 큰 변화를 가져왔다. 남성들은 여성들이 밖에서 활동하는 대신 가정으로 돌아갈 것을 원했고 그 명분을 정당화하기 위해 이슬람의 가치를 이용했다. 저소득층에서는 전통적인 이슬람의 가치가 부활했고 여성들은 다시 가정에서 어머니와 딸의 역할로 돌아가기 시작했다. 게다가 상류층의 고용 패턴 변화는 저소득층 여성들의 보수화를 더욱 부채질했다. 상류층 여성들은 자국 내 저소득층 여성들의 노동력보다 훨씬 저렴한 비용으로 인도, 스리랑카, 필리핀 노동자들을 고용하기 시작했다. 따라서 저소득층 여성들의 사회활동은 위축되었다. 또한 저소득층 사이에서는 전통적인 가치관의 부활이 여성의 교육열 저하의 원인이 되기도 했다. 정부 차원에서 지속적인 계몽 캠페인을 펼치긴 했으나 저소득층에서 여성의 교육은 소홀하게 여겨졌다. 결과적으로 당시 활발한 사회활동을 펼친 상류층 여성과는 달리 저소득층 여성은 이슬람의 전통적인 여성의 역할로 인식되는 어머니와 딸의 역할만을 수행하게 되었다.

결론적으로 서구에서 교육의 혜택을 누릴 수 있었던 상류층 여성들이 서구식 생활방식과 자유를 누리며 활동영역을 넓혀갈 때, 다시 가정으로 돌아간 저소득층 여성들의 생활방식은 이전에 비해 훨씬 보수화되었다. 그 결과 한 국가 내에서 상류층 여성과 저소득층 여성 간의 공통점은 오히려 줄어든다. 즉 상류층 여성은 그 국가의 저소득층 여성보다는 다른 국가의 상류층 여성과 더 공통점이 많다. 이러한 경향은 결혼문화에도 반영된다. 상류층 여성이 배우자 선택과정에서 결혼식까지 서구식 결혼방식을 선호하는 반면 저소득층 여성은 여전히 전통적인 결혼방식을 따르는 경향이 있다. 이혼의 경우도 서구에서 교육받은 상류층 여성이 이혼에 대한 여성의 권리를 주장하려는 경향이 더 높은 반면 저소득층 여성은 이에 대한 자각이 떨어진다. 오늘날 이러한 추세를 더욱 부추기는 것이 바로 세계화이다. 세계화의 영향으로 사람들은 다른 지역의 문화를 더욱 빨리 접하게 되었으며, 이를 향유할 수 있게 되었다. 그러나 세계화는 모든 계층에 골고루 영향을 미치지는 않기 때문에 계층에 따라 세계화의 영향은 다르게 나타난다.

## 7. 세계화와 젠더

세계화란 일반적으로 소련 붕괴 이후 자본주의 발달과 관련된 세계경제의 통합과정을 의미한다. 경제적인 측면에서 세계화는 상품, 서비스, 자본, 시장의 국제적 통합과정을 지칭한다. 비록 세계화가 경제 분야에서 먼저 시작되었으나 자본주의 영향으로 수반된 세계화의 정치와 문화 분야의 영향도 무시할 수 없다. 오늘날 유·무형의 소비상품과 관련된 세계시장은 서양의 지배를 받고 있다. 다국적 기업과 국가 간 무역의 발달로 미국의 가치는 맥도날드, 스타벅스 커피전문점, 할리우드 영화를 통해 전면적으로 확대되고, IT 산업 발달은 이러한 현상을 더욱 부채질하고 있다. 세계화의 영향은 보수적이라고 알려진 중동 이슬람 문화권에도 예외는 아니다. 비록 한 국가의 정치와 경제 상황, 사회 분위기에 따라 세계화의 노출과 반응 정도는 달리 나타나고 있으나 오늘날 중동의 젊은 무슬림들은 해외여행이나 유학을 통해 직접 서양 문화를 체험할 뿐만 아니라 위성 TV와 인터넷을 통해 간접적으로 이를 접하고 있다. 서양 문화를 직·간접적으로 접한 젊은이들은 서양의 개인주의·자유주의·민주주의 사상을 습득해가면서 보수적인 이슬람 전통문화와 개방적인 서양 문화 사이에서 갈등을 겪으며 이는 때로 정체성 혼란 문제로 연결되기도 한다.

세계화 시대에 나타난 문화의 정체성은 크게 세 패러다임으로 분류된다. 이는 지역문화가 세계문화에 반응하며 조우하는 방식에 따라 '동질화' 혹은 '보편화(homogenization)', '특성화' 혹은 '배타화(particularization)', '혼용화' 혹은 '잡종화(particularization)'로 나뉜다. 첫째, 동질화란 한 지역의 고유한 문화가 세계문화와 통합되는 과정을 지칭하는 패러다임으로, 사람들은 외부에서 유입된 '보편화된' 세계문화에 노출되며 의식적이든 무의식적이든 이에 동화된다(Howes, 1996: 3~4; Holton, 1998: 166~172). 보편화 혹은 동질화의 한 예로는 중산층에 속하는 사람들에게 공통적으로 나타나는 동질의 소비 취향과 생활방식을 들 수 있다. 이 패러다임에 따르면 문화적으로 주변국이나 저개발국에 속하는 국가는 핵심국이나 좀 더 발전한 국가의 —— 오늘날은 서양 —— 문화를 경쟁적으로 수용하거나, 반대로 핵심국에 의해 강제적으로 문화를 수용하게 된다는 것이다. 오늘날 서양, 특히 미국이 전 세계 문화의 패러다임을 장악하는 현실에서 문화의 동질화 현상은 다른 말로 '문화 제국주의', '코카콜라제이션(Coca-colonization)', '맥도날드제이션(McDonaldization)'

혹은 '신(新)미국 제국주의(Neo-American imperialism)'라 불리기도 한다. 그러나 실질적으로 국제 정치질서 면에서 주변국에 속하는 나라의 문화가 종종 세계화되는 경우도 있다. 그렇기 때문에 문화적으로 핵심국과 주변국을 구분하는 것은 매우 애매하다. 둘째로 특수화 혹은 배타화란 개인이나 그룹이 자신의 관습과 전통문화를 고수하며 세계문화에 저항하는 현상을 지칭한다. 이 패러다임에 따르면 한 문화는 세계의 보편문화에 저항하기 위해 외적으로는 다른 문화와의 차별성을 강조하고 내적으로는 자신들의 문화적 정체성을 공고히 하면서 동시에 조상들의 문화, 즉 '뿌리'로 돌아갈 것을 주장한다(Hall, 1995: 199~200). 문화 원리주의와 문화 민족주의* 운동이 이 패러다임의 예가 된다. 비록 세계화에 반대하여 한 문화의 '근원' 혹은 '뿌리'로 돌아가자는 원리주의 운동이 세계 곳곳에서 일어나긴 하지만 한 민족이나 문화권의 근원이나 뿌리 역시 시대 상황과 정치적 목적에 따라 끊임없이 창조되고 재생산된다. 따라서 한 국가나 문화의 진정한 근원이나 뿌리로 돌아간다는 것은 불가능하다. 셋째로 혼용화 혹은 잡종화는 세계문화와 지역문화 조우의 결과, 보편적인 세계문화도 아니고 독특한 지역문화도 아닌 제3의 문화가 창조되는 과정을 지칭한다(같은 책, 193). 웰치(Welsch)는 세계화 시대 문화의 혼용화 속성을 지칭하면서 "오늘날 문화는 서로 연결되고 뒤얽혀 있다. 그 결과 완전한 외래문화의 개념도 없을뿐더러 또한 현지 문화의 개념도 모호해졌다(1999: 197~198)"라고 언급한 바 있다. 문화의 동질화 · 특

---

* 정치 민족주의와 달리 문화 민족주의는 목적은 문화를 토대로 구성원들 간 정체성을 생산하고 유지하며 이를 강화하는 과정을 통해 민족 공동체를 재생산하는 것이다. 문화 민족주의자들은 국가를 한 민족의 독특한 역사와 문화의 산물로 간주하며 이를 강조하여 한 집단의 결속력을 강화한다(Yoshino, 1992: 1).

성화·혼용화의 패러다임은 한 국가가 처한 경제적·정치적 상황에 따라 달리 나타나며, 한 국가의 결혼문화도 세계문화와 현지문화가 어떻게 조우하느냐에 따라 복합적으로 나타난다.

중동 이슬람 문화권과 같이 성에 의한 개인의 정체성과 역할이 분명하게 구분되는 지역에서는 성에 따라 세계화에 노출되는 정도와 경험도 달리 나타난다. 중동 이슬람 지역에서 젠더 이데올로기를 지배하는 가장 대표적인 문화는 여성 격리 문화이다. 오늘날 인터넷과 위성 TV를 비롯한 IT 기술 발달은 중동 이슬람 여성에게 교육의 기회뿐 아니라 타 지역 문화를 접할 수 있는 기회를 제공하고 있다. 일례로 사우디아라비아의 대학교 여학생 교실에서는 전에는 불가능했던 남자 교수의 강의를 화상 TV를 통해 수강하고 있다. 또한 이동의 제한으로 외출이 불가능한 사우디아라비아 여성들은 사이버 대학교에서 학위를 받으며 인터넷을 통한 전자 상거래에도 가담해 가정 경제에 많은 기여를 하고 있다. 여성의 경제력 형성은 여성들에게 자신감과 성취감을 심어줄 뿐 아니라 가정 내 여성의 발언권 강화로 이어진다. 또한 인터넷의 등장으로 젊은 세대 사이에는 사이버 데이트라는 신개념도 등장하고 있다. 이웃이나 부모의 이목으로 오프라인 현실세계에서는 불가능했던 이성과의 접촉을 MSN이나 ICQ 등 채팅 프로그램을 통해 시도하는 경우도 많으며 사이버 데이트는 종종 결혼으로 이어진다. 결과적으로 세계화와 IT 기술 발달은 중동 이슬람 세계에서 성에 따라 엄격히 구분되었던 젠더 영역을 유연하게 만들고 있다.

## 8. 중동 이슬람 지역의 결혼 이데올로기

한 문화를 연구하는 데 가장 중요한 것은 그 사회를 지배하는 이데올로기를 이해하는 것이다. 이데올로기의 개념은 정의하기가 애매하고 난해하다. 일반적으로 정의되는 이데올로기의 개념은 특별한 집단이 어떤 사상을 전파하거나, 왜곡하거나, 숨기거나, 표현하기 위해 전략적으로 사용하는 정치적 사고체계를 지칭한다. 그러나 그람시 학파의 맥로드(MacLeod)는 정치적인 맥락에서 이데올로기를 해석하기보다 일상생활에서 일반인들에 의해 행해지는 문화적인 맥락에서 이데올로기를 정의했다. 맥로드는 이데올로기에 대해 이렇게 말했다.

세상을 보는 견해나 상식을 포괄하는 관념으로 사람들은 이데올로기에 따라 그들의 삶을 재고한다. 이데올로기는 사고체계나 패러다임으로 사람들은 그 틀 안에서 생각과 행위를 재단하고, 결정하며, 질문을 제기한다. …… 즉 이데올로기는 생각과 행위를 지배하며, 선택의 순간에 사람들의 생각과 행동을 결정하는 담론이다(1991: 75).

다시 말해 이데올로기란 일상생활에서 개인의 언행을 결정하는 사고체계로 이해할 수 있다. 한 지역의 문화는 지속적으로 변화한다. 이데올로기가 일상생활에서 사람들의 생각과 행동을 지배하는 담론이라면, 지속적으로 변화하는 사회의 환경에 따라 항상 유동적으로 변화할 것이다. 문제는 오늘날처럼 시간과 공간의 개념이 압축되고 외부 문화에 노출빈도와 정도가 훨씬 높은 세계화 시대에 이데올로기가 얼마나 빠른 속도로, 그리고 어떤 방향으로 변화하느냐이다. 전통적으로 이슬람 세계의 결혼문화를 지배해온 이데올로기는 이슬람이라는 종교와 각 지역의 관습과 전통, 다양한 사회제도, 계층 그리고 각 지역의 현지 문화가 외부 문화에 노출되어 조우되는 정도와 방식에 따라 많은 영향을 받아왔다.

배우자의 선택 과정에서부터 결혼식 과정까지 나타난 이슬람 지역의 결혼문화와 관련된 이데올로기는 크게 세 가지로 요약된다. 첫째, 중동 이슬람 지역에서 결혼은 개인의 일로 간주되기보다는 가문이나 부족의 일로 간주된다. 따라서 결혼의 결정은 개인에게 주어지기보다 집안의 어른, 특히 집안의 연장자인 아버지에게 주어진다. 아버지는 집안의 의견에 대한 결정권을 행사할 뿐만 아니라 가족을 대신해 상대방에 공식적인 의견을 표방한다. 따라서 이슬람 문화권의 부모들은 자녀의 결혼에 상당히 깊게 개입한다. 이는 여성의 경우 더욱 분명하다. 이슬람 법에 따르면 여성은 자신의 결혼 문제를 혼자 결정할 수 없고 반드시 집안의 남성 중 한 명을 자신의 보호자로 세워야 하며, 그렇지 않으면 결혼은 성사될 수 없다. 이슬람의 결혼문화에서는 성에 따라 남성과 여성에게 요구되는 역할과 의무가 서로 다르다. 남성은 재정적으로 가정을 책임지며 부양하는 것이 의무인 반면 여성은 가정을 관리할 능력과 남편에게 복종할 것, 또한 결혼 때까지 처녀성을 지켜야 할 의무가 있다. 그리고 결혼할 때 제시되는 이상적인 배우자상도 남녀가 다르다. 이상적인 남성상은 경제력을 갖추어 가족을 부양할 능력이 있는 사람인 반면 이상적인 여성상으로는 순결과 정조, 인물이 중시된다. 이러한 지식을 바탕으로 다음 제3장에서는 세계화와 발달된 IT 기술에 노출된 무슬림 젊은이들이 전통적인 결혼관과 자신들의 욕구를 어떻게 협상하는지 그 과정을 자세히 살펴볼 것이다.

둘째, 이슬람에서 결혼은 협상에 의해 완성된다. 협상은 주로 양가 남성에 의해 이루어지고, 협상의 결과는 결혼식 날 작성되는 혼인계약서에 명시된다. 협상의 주제로는 신혼집 마련에 대한 양가의 비용 부담, 선불 혼납금(mahr muqqadam)과 후불 혼납금(mahr muwakhar) 등 두 번에 나뉘어 지급되는 마흐르(mahr) 액수 책정, 약혼식과 결혼식 장소 확정 및 비용 부담 등이 포함된다. 이슬람 전통에 따르면 신랑 측이 결혼 비용을 대부분 감당한다. 협상과정에서 신부 측은 마흐르 금액이 신부와 신부 집안의 가치를 반영한다고 생각하기 때문에 더 많이 받기 위해 노력한다. 제4장에서는 해마다 치솟는 혼수 비용에 많은 부담을 느끼는 젊은이들이 이슬람의 전통적인 결혼 가치관을 오늘의 현실에 맞게 어떻게 변화하는지 그 과정을 살펴볼 것이다.

셋째, 이슬람 문화권에서 결혼은 상대방의 명예와 평판을 시험하는 장으로 인식된다. 결혼식의 규모는 개인뿐 아니라 가문 전체의 체면과 관련되고 상대방과 비교되기 때문에 사람들은 호화로운 결혼식을 선호한다. 이를 위해 부모는 자녀를 출산하면서부터 자녀의 결혼 비용 마련을 위해 계획을 세운다. 제5장에서는 세계화 시대인 오늘날의 결혼식 준비과정이 전통적인 이슬람의 결혼식과 어떻게 다른지 비교해 설명할 것이다. 이 과정에서 앞서 언급된 세계화의 세 패러다임이 어떤 식으로 표출되는지 알아볼 것이다.

중동 이슬람 지역의 결혼 이데올로기는 주어진 환경과 시대의 상황에 따라 달리 나타난다. 다음 제3장부터 5장까지는 세계화 시대에 중동의 무슬림 젊은이들은 어떤 결혼관을 갖고 있으며, 이는 자신의 부모 세대와 어떤 차이가 있고, 앞으로 이 지역의 결혼관은 어떻게 바뀔지 종합적으로 타진할 것이다. 또한 오늘날 젊은이들의 결혼관은 부모를 포함한 세대 관계와 젠더 관계에서 어떻게 표출되는지 알아볼 것이다.

제3장

# 배우자의 선택과정과 명예·수치 문화

## 1. 들어가며

한국을 방문한 외국인들이 한국인 친구들에게 흔히 받는 질문이 "결혼했나요?" 또는 "몇 살인가요?"라고 한다. 별로 친하지 않은 사람에게 — 심지어 초면인 사람에게 — 이러한 질문을 하는 것은 우리나라에서만은 아니다. 이는 중동 이슬람 문화권에서도 마찬가지다. 중동 지역에서 상대방과 안면을 트자마자 받는 질문 중 하나는 바로 개인의 신상과 관련된 질문이다. 여기에는 상대방의 종교, 결혼 여부, 나이에 관한 질문이 포함된다. 이처럼 결혼에 대한 이야기는 중동 어느 지역을 가든 누구를 만나든 어떤 장소에서나 흔히 접할 수 있는 주제이다. 친구나 가족이 자신의 배우잣감을 어떻게 만났고, 혼납금은 얼마를 받았으며, 신혼집은 임대한 것인지 아니면 개인이 소유한 것인지, 결혼식 규모는 어떤지 등과 관련된 화제들은 일반인들의 일상생활을 가득 메운다. 그 이유는 이슬람 사회에서 결혼은 '선택'이 아닌 '필수'로 간주되기 때문이다.

무슬림들은 결혼에 사회적·종교적·도덕적 이유를 포함해 다양한 의미를 부여한다. 이슬람 사회에서 독신자는 완전한 성인으로 인정받지 못하며 불완전한 존재로 간주된다. 이슬람에서는 성직자에게도 결혼할 것을 권고한다. 이슬람교의 예언자인 사도 무함마드(570~632년) 자신도 25세 때 열다섯 살 연상인 카디자(619년 사망)와 결혼을 했으며 슬하에 자녀 여섯 명을 두었다. 그리고 카디자 사망 이후에는 약 십여 명의 부인을 두기도 했다(김정위, 2001: 33). 무슬림들이 결혼을 중시하는 또 다른 이유는 종교적인 것이다. 무슬림들은 결혼을 해야만 종교의 반을 이행했다고 간주하며, 결혼을 하지 않을 경우에는 천국에 들어갈 수 없다고 믿는다. 또한 이슬람 사회에서는 혼인관계에서만 이성과의 성관계를 허용한다. 이슬람의 교리는 무슬림들이 결혼을 통해서 간음과 간통 같은 부도덕한 행위를 방지할 수 있다고 가르치고 있다. 따라서 어떠한 이유로든 결혼을 할 수 없는 사람은 성욕을 감퇴시키기 위해 금식을 행하기도 한다.

배우자 선택과정에서 가장 중시되는 결혼 이데올로기는, 앞서 언급한 바처럼 명예와 수치이다. 중동 이슬람 지역은 개인 및 개인이 속한 공동체의 체면을 중시하는 문화권에 속한다. 체면은 명예와 수치의 개념과도 일맥상통한다. 지중해 지역의 명예와 수치 개념을 연구한 피트 - 리버스(Pitt-Rivers, 1977)에 따르면 명예란 한 개인이 자신의 눈을 통해 본 본인에 대한 가치뿐만 아니라 그 또는 그녀가 속해 있는 사회의 눈을 통해 본 개인의 가치도 포함한다. 한 사람이 누리는 명예의 가치는 상속되지도 않을 뿐만 아니라 스스로 유지되지도 않는다. 따라서 개인은 일상생활을 통해 타인에게 자신의 가치를 인정받기 위해 항상 노력해야 한다. 여기에서 명예를 얻기 위한 노력이란 페리스티아니(Peristiany, 1965)의 주장처럼 "성원들이 자신의 행동을 그 사회에 존재하는 이상(理想)적인 기준과 비교, 평가하여 사회에서 인정받기 위해 애쓰는 것"을 의미한다. 즉, 각 사회마다 사회적 지위에 따라 성원에게 요구되는 이상적인 역할 및 규범은 정해져 있다. 사회의 기대에 벗어난 행위를 하는 사람은 명예가 실추된다. 즉 체면상실이나 수치심을 겪을 뿐만 아니라 다른 성원들의 비난을 사기도 한다.

이슬람 가부장제가 문화의 토대를 이루는 이집트에서는 성에 따라 역할과 규범이 달라진다. 남성과 여성에 달리 적용되는 성 역할과 규범은 특히 배우자의 선택과정과 결혼 준비 과정에서 더욱 두드러지게 나타나는데, 전통적으로 이상적인 교제나 결혼을 위한 모든 의도나 행위의 출발점은 남성이라는 것이다. 여성도 남성에게 교제에 대한 제안이나 청혼을 할 수 있지만 선호되지 않는다. 이는 이상적인 남성성과 여성성에 대한 가부장제도의 이분법적 시각에 근거한 것으로 해석된다. 그러나 린디스파른(Lindisfarne, 1994)을 포함한 인류학자나 사회학자들은 오늘날 남성성 및 여성성은 시대와 상황에 맞게 달리 구성된다고 주장한다. 따라서 성성에 대한 분석은 모더니즘의 고정적인 이분법적 인식체계에서 탈피해 좀 더 유연하고 유동적으로 재해석되어야 한다고 주장하고 있다. 다시 말해서 남성성과 여성성은 시대와 상황에 따라 계속 변하는 가치이다. 게다가 오늘날에는 과학기술의 발달과 세계화로 인해 타 문화의 유입 —— 특히 서양 문화 유입 —— 으로 이에 대한 인식의 변화에는 가속도가 붙고 있다.

이집트뿐만 아니라 중동 이슬람 지역에서의 결혼에서 한 가문의 명예와 수치의 정도를 측정하는 또 다른 척도는 여성의 혼전 순결이다. 남성 중심의 사회제도에서 여성의 명예는 성성과 밀접한 연관이 있다. 이슬람 문화권에서 여성의 성성은 종종 남성 중심의 가부장적 사회질서를 위협하는 잠재적인 위협요소로 인식되거나 혹은 보호의 대상으로 인식되어왔다. 따라서 이 지역 여성은 전통적으로 여성들의 공간으로 알려진 하렘에 거주하면서 자신의 존재를 숨겼고, 공공장소에 나설 때는 이슬람의 전통 의상인 히잡(베일)으로 몸을 가렸다. 또한 성성을 억제하기 위해 —— 비록 일부 지역에서 행해지는 관습이긴 하지만 —— 할례도 행했다. 관습과 전통을 통해 여성에게 부과되어왔던 사회의 규범이 도전받았을 때 여성은 간혹 가족의 남성에 의해 명예살인을 당하기도 했다. 비록 서구화와 세계화의 영향으로 이슬람 지역에서 여성의 성성에 대한 인식이 많이 개방되긴 했으나 이 지역에서는 여전히 보수적인 성 역할과 규범에 대한 전통과 관습이 지켜지고 있다.

이 장에서는 이슬람 문화권을 지배하는 전통적인 명예와 수치 문화가 오늘날 이집트 무슬림들의 결혼관에 어떤 영향을 미치는지, 이집트의 무슬림 젊은이들은 어떻게 자신의 배우자를 선택하는지, 교제 시 이들은 무엇을 하는지, 교제비용은 어떻게 부담하는지, 순결에 대한 의식은 과거에 비해 어떻게 변했는지, 이상적인 배우자상은 무엇인지, 그리고 세계화는 이에 어떠한 영향을 미쳤는지와 같은 질문을 통해 알아볼 것이다. 이 과정에서 당사자 및 가족들의 권력관계는 어떻게 형성되며 남성성과 여성성은 상황에 따라 어떻게 표출되는지 분석할 것이다.

## 2. 전통적인 만남

배우자를 선택하는 방법은 일반화하기 어렵다. 이는 중동 각 국가의 분위기와 그 나라가 처한 정치와 경제적 상황, 그리고 지역사회의 분위기와 개인 집안의 분위기에 따라 다양하기 때문이다. 그러나 중동 이슬람 문화권에서 결혼은 일반적으로 개인과 개인의 만남이 아니라 가족과 가족의 만남으로 간주된다. 따라서 당사자가 스스로 배우잣감을 찾기보다 부모가 자녀의 배우잣감을 결정한다. 중동 이슬람 문화권의 결혼문화는 남성 중심적이다. 결혼에 대한 제안은 전통적으로 남성이 여성 측에 먼저 한다. 신랑은 결혼에 대한 자신의 의사를 직접 상대방에게 밝힐 수 있는 반면 신부는 결혼에 대한 본인의 입장을 공식적으로 표명할 수 없고 결혼계약도 직접 맺을 수 없다.

법학파에 따라 입장이 다르지만 여성이 혼자서 결혼계약을 맺는 것을 적법한 결혼으로 인정하지 않는 학파도 있다. 전통적으로 신부 집안에서는 신부 대신 집안의 연장자인 남성이 —— 일반적으로 신부의 아버지, 아버지가 없으면 신부의 오빠나 삼촌이 —— 상대 집안에 결혼에 대한 의사를 표명하게 된다. 결혼에 대한 최종 결정권은 집안을 대표하는 남성에게 있으나 아버지가 자녀의 결혼을 결정하기 전에 진행되는 상대방에 대한 탐색작업은 주로 집안 여성들의 몫이다. 우리나라와 마찬가지로 여성들은 서로의 집을 방문하며 커피를 마시거나, 살롱이라고 불리는 미용실, 공중목욕탕, 여성 전용 스포츠 클럽 등에서 자신의 인맥을 총동원해 상대 집안에 대한 정보를 수집한다. 남성의 접근이 금지되어 여성만 모이는 공간은 이웃 주민에 대한 정보를 모으기에 더없이 좋은 장소이다. 이웃과 친척들에 대한 명예롭거나 수치스러운 소문도 이곳을 중심으로 만들어지고 퍼진다. 여성들의 공간에서 회자되는 소문은 종종 남성들의 명예에 치명적인 오점을 남기기 때문에 남성들조차 여성의 공간에서 만들어지는 소문에 매우 민감하다.

중동 이슬람 문화권에서는 전통적으로 이웃 간의 인맥이 매우 중시되었다. 이웃과의 관계는 다른 문화권보다 더욱 끈끈한데 이는 가부장제도 거주형태에 따라 결혼한 자녀들이 과거에는 신랑의 부모와 같은 집에서, 현재는 부모 집 근처에서 새살림을 꾸리기 때문이다. 따라서 몇 집만 건너면 혈연관계인 친척이 거주한다. 전통적인 결혼에서는 주로 부모가 자녀들의 결혼 상대를 물색하기 때문에 아들이 결혼 적령기에 접어들면 어머니는 자신의 인맥을 총동원해 아들에게 적당한 배우잣감을 찾는다.

만일 적당한 배우잣감을 찾지 못하면 가족은 '카뜨바(khatba)'라고 불리는 중매인에게 자녀를 위한 배우잣감을 추천할 것을 의뢰한다. '카뜨바'는 아랍어의 '카따바(khataba)'라는 동사에서 파생한 것으로, '연설하다', '토론하다' 또는 '청혼하다', '약혼하다', '중매하다'라는 뜻의 명사형이다. 전통적으로 카뜨바는 동네의 구성원들과 그 집의 형편을 속속들이 아는 소위 '마당발'로, 그 지역사회의 젊은 남녀를 엮어주는 역할을 한다. 이들은 신뢰할 만한 배우잣감을 찾지 못하는 가족에게 신붓감이나 신랑감을 소개한다. 카뜨바의 소개로 신랑은 신부의 집을 방문하고 신부가 마음에 들 경우 신부의 아버지에게 청혼을 한다. 신랑과 신부가 만나는 장소에는 항상 '마흐람(mahram)'이라고 불리는 보호자가 동석해야 한다. 마흐람을 동행하는 이유는 남성과 여성 간 일어날 수 있을 부도덕한 일을 미연에 방지하기 위해서이다. 무슬림들은 남성과 여성이 단둘이 있을 때 사탄이 제3자로 항상 함께한다고 믿고 있다. 남편감을 처음 만나는 자리에서 대개 여성은 얼굴과 손만 내놓고 나머지는 히잡(베일)으로 가리기도 하지만 일부 여성은 머리부터 발끝까지 몸 전체를 가리기도 한다. 보수적이며 엄격한 가문의 경우 신랑은 결혼하고자 하는 여성의 얼굴조차 마음대로 볼 수 없다. 그래서 신랑은 어머니나 누이의 도움으로 신붓감에 대한 추가 정보를 수집하기도 한다. 정보를 수집하기 위해 신랑의 어머니나 누이는 신부가 될 여성의 집을 방문해 인물을 직접 확인해보기도 하고 시험해보기도 한다. 신부를 시험하는 전통

여성들의 살롱에 마련된 아랍식 커피(바레인)

천막에서 베드윈 남성들이 커피를 끓이는 모습(쿠웨이트)

적인 방법으로는 신랑의 어머니나 누이가 신부의 집을 방문해 신부에게 '까후와(qahuwa)'라고 불리는 아랍식 전통 커피를 타올 것을 요구하는 것이 있다. 설탕의 배합이 잘 되고 적정 온도에서 끓인 맛있는 커피를 제공할수록 신부는 상대에게 재치 있다고 평가되고 신랑 측에게 후한 점수를 얻는다.

젠더 간 엄격한 격리 문화가 있는 중동 이슬람 문화권에서 적당한 신붓감을 선택하는 데는 신랑 어머니와 누이들의 역할이 매우 중요하다. 이를 반영하듯 이슬람 문화권인 바레인 사회의 결혼문화를 연구한 쿠리(Khuri, 2001)에 따르면 신랑의 누이는 신부의 인격을 시험해보기 위해 신부를 등 뒤에서 쿡쿡 찔러보기도 하고, 신부의 향을 알기 위해 신부의 볼에 키스를 하기도 하고, 신부의 피부색을 파악하기 위해 옷 아래 드러난 속살을 보기도 하고, 몸매를 보기 위해 목욕탕에 동행하기도 한다. 이렇게 파악한 정보를 자신의 남자형제에게 알리며 이를 바탕으로 남성은 배우잣감을 결정하기도 한다(147~148). 라삼(Rassam, 1980)에 따르면 좋은 신붓감이란 이웃의 평판이 좋고 건강 상태가 양호하며 성격이 좋은 여성이라고 언급한다. 특히 신붓감에 대한 평가는 신부의 지적 능력, 재치, 옷 입는 방법, 화장법, 걸음걸이, 같이 다니는 친구들의 부류, 귀가 시간 등에 의해 이루어진다.

## 3. 오늘날의 만남

20세기 중반 이래 본격적으로 진행되어온 산업화·도시화·세계화로 중동 이슬람 지역 주민들은 더 나은 교육이나 직장을 위해 타 도시나 해외로 이주했다. 한 국가 내에서의 이주든 해외로의 이주든 사람들의 이동은 전통적으로 젊은 남녀의 다리 역할을 해왔던 카뜨바의 존재를 유명무실하게 만들었다. 그렇다면 남성과 여성의 공간이 엄격히 나뉘어 있는 보수적인 이슬람 사회에서 젊은이들의 만남은 카뜨바의 도움 없이 어떻게 진행되는가? 오늘날 중동의 젊은이들은 배우자를 어떻게 찾을까?

결론부터 말하면 과거에는 중동 이슬람 지역의 젊은이들이 인맥이나 카뜨바의 정보에 의존해 배우잣감을 찾았다면 오늘날에는 배우자를 찾는 방법이 좀 더 다양해졌다. 중동의 아랍 국가들은 서구로부터 독립한 후 현대화를 위한 개방정책의 일환으로 서구식 교육기관을 받아들였다. 중동 지역에는 각 국가의 공식 교육기관뿐만 아니라 영국, 프랑스, 독일, 미국, 캐나다 학교가 초등교육부터 고등교육까지 중동 젊은이들의 교육을 책임지고 있다. 남성과 여성이 한 반에서 같이 수업을 받는 서구화된 교육기관은 전통적으로 남녀를 분리했던 이슬람의 가치를 변화시키고 있다. 걸프 지역의 몇 나라를 제외하고 남녀 대학생들이 캠퍼스의 한 교실에서 서로 어울려 수업을 받는 것은 오늘날 자연스러운 모습이 되었다. 신세대 젊은이들에게는 부모 세대보다 이성과 함께 교육받을 수 있는 기회가 더 많이 주어지고 있다. 대학 강의실은 학생들에게 이성에 대해 파악할 수 있는 시간과 기회를 제공할 뿐 아니라 마음에 두고 있는 상대의 평판과 도덕성을 시험해볼 수 있는 '자연스러운' 장을 제공한다. 흥미로운 것은 소극적이며 수동적으로 인식되어왔던 무슬림 여성들이 사회적으로 허용된 남녀 공존의 공간을 적극 활용해 자신이 원하는 배우자를 찾는다는 것이다. 여성의 품행에 대한 소문이 결혼의 성사를 결정하는 중동 이슬람 문화권에서 여성들은 자신의 자존심이나 명예에 상처를 입지 않으면서 관심 있는 남성에게 간접적으로 접근한다. 일반적으로 남성이 여성에게 먼저 접근해야 한다는 인식 때문에 여성들이 관심 있는 남성에게 먼저 호감을 보이는 것은 바람직하게 여겨지지 않는다. 이는 자신뿐만 아니라 가족 전체의 명예와도 관련되기 때문에 여성들의 행실은 더욱 조심스럽다. 카이로의 아인샴스 대학에 다니는 21세의 아스마 아*는 이렇게 언급했다.

> 음…… 그러니까 여성이 먼저 남성에게 접근하는 것은 그리 좋은 방법이 아니
> 에요. 이집트에서는 일반적으로 남자가 여자에게 먼저 접근해요. 남자에게 먼
> 저 다가가 프러포즈하는 여자는 거의 없어요.

흥미롭게도 남성들도 여성들이 호감을 느끼는 남자에게 관심을 간접적으로 표현한다는 것을 알고 있다. 이와 관련하여 이집트의 다국적 회사에서 근무하는 34세의 샐러리맨인 하미드는 다음과 같이 말했다.

> 만일 여자들이 남자에게 먼저 관심을 표현하고 관계에서 주도권을 쥐려 한다
> 면 그 남자에게 나쁜 인상만 남길 거예요. 사람들은 대부분 이런 여자를 부도
> 덕하다고 생각합니다. 그래서 여자들은 간접적으로 남자들의 시선을 끌지요.
> 예를 들어 대학에서 관심이 가는 남학생이 있으면 그 학생에게 노트를 빌리거
> 나, 회사에서는 관심 있는 남자에게 일에 대해 도움을 청한다든가…… 옆집
> 남자에 관심이 있으면 그 집 누이들과 친하게 지내며 왕래를 자주 하지요.

하미드의 말은 보수적인 가부장 문화가 지배적인 중동 무슬림 사회에서도 여성들은 결코 수동적인 존재가 아니라는 것을 의미한다. 오히려 여성들

---

\* 이 책에 실은 인터뷰에 응한 사람들의 이름은 모두 가명이다.

은 마음에 드는 남성이 있을 때 자신의 자존심과 가치를 떨어뜨리지 않으면서 원하는 남성에게 접근하는 적극적인 전략을 세운다. 즉, 여성들은 주어진 사회의 제도와 관습을 따르면서 동시에 나름대로 자신의 이익을 어떻게 추구해야 할지 알고 있는 것이다.*

이 밖에도 요즘 신세대 중동 젊은이들이 가장 선호하는 배우자 모색 방법은 이성 간에 자연스런 만남이 이루어지는 그룹 미팅이나 친목 모임에 참석하는 것이다. 남녀가 단독이 아닌 그룹으로 만나 서로 어울리는 것은 ──특히 여성들에게── 모르는 남자를 만나 자신과 가족의 명예를 손상시키는 위험 부담을 줄일 수 있기 때문이다. 흔하지 않지만 간간이 친구들의 알선을 통해 일 대 일 만남도 행해진다. 결혼식장이나 약혼 파티에서 녹화된 비디오를 보고 호감 가는 상대방을 찍어 나중에 지인에게 소개받는 경우도 있다. 그러나 무엇보다도 가장 현대화된 방법은 각종 인터넷 사이트와 MSN이나 ICQ와 같은 인터넷 대화 프로그램을 통해 결혼 상대를 찾는 것이다. 타 지역과 마찬가지로 오늘날 중동에서도 IT 산업의 발달과 증가하는 인터넷 카페의 등장으로 젊은이들의 인터넷 접속률은 갈수록 높아지고 있다. 젊은이들은 http://www.ejawaz.com이나 http://www.msn.com과 같은 사이트에 자신의 개인 정보와 자신이 찾는 대상에 대해 적어놓고 상대방의 연락을 기다린다. 특히 ejawaz와 같은 웹사이트는 '전자(electronic)'를 뜻하는 'e'에 결혼을 뜻하는 아랍어 'jawaz'를 합성해 사이트 주소를 만든 것을 보면

---

* 터키의 저명한 학자 데니즈 칸디요티는 「가부장제도와의 거래(bargaining with patriarchy)」라는 논문에서, 가부장제도하에 살고 있는 여성은 기존의 관습과 법률을 깨지 않고 주어진 제도와 규범 내에서 자신들의 안전을 극대화하고 선택을 최적화하기 위해 다양한 전략을 구성한다고 주장한 바 있다. 제2장 3절(57~62쪽) 참조.

아랍어 원어민을 위한 사이트라는 것을 짐작할 수 있다. 온라인상의 사이버 공간은 오프라인에서의 만남의 장으로 연결되어 여러 가지 사회문제를 낳기도 한다. 익명의 가상 공간에서의 만남은 현실 공간에서 지인을 통한 만남보다 더 무책임할 수 있기 때문이다. 이집트에서는 최근 여러 방송 매체에서 인터넷의 부작용을 사회적으로 공론화해 다루고 있다.

이러한 현상은 이집트에서만 나타나는 것은 아니다. 가장 보수적이라 알려진 걸프 지역에서도 신세대 젊은이들은 신기술을 이용해 전통과 관습에 도전하고 있다. 이성 간의 만남은 젊은이들 사이에 새로운 사교 공간으로 떠오른 쇼핑몰의 등장으로 더욱 빈번해졌다. 중동 지역에서 생활수준이 높은 걸프 지역의 경우 젊은이들은 무선으로 송수신이 가능한 블루투스 휴대전화*를 이용해 쇼핑몰을 배회하면서 호감 가는 이성에게 접근하고 있다.

서구의 백화점을 그대로 옮겨놓은 것 같은 쇼핑몰에는 서구 상품을 파는 상점, 영화관, 코스타와 스타벅스와 같은 프랜차이즈 커피 전문점, 패스트푸드 식당 등이 있다. 비교적 개방된 '서구적인' 공간에서 젊은이들은 무선으로 데이터 송수신이 가능한 블루투스 휴대전화로 마음에 든 상대방과 메시지를 교환하며 이성과의 접촉을 시도하고 있다. 즉 발전하는 IT 기술과 다른 공간에 비해 비교적 개방적인 쇼핑몰은 젊은이들에게 물건을 구입하기 위한 소비 공간이라기보다 이성과의 접촉을 가능케 하는 사교 공간으로 떠오른 것이다. 이를 반영하듯 바레인 대학교에서 비즈니스를 전공하는 무함마드라는 청년은 쇼핑몰에서 사용되는 블루투스 휴대전화에 대해 자신의 경

........................................

* 블루투스 휴대전화의 경우 상대방의 전화번호를 몰라도 상대방의 위치를 통해 메시지를 보낼 수 있다.

쇼핑몰의 스타벅스(바레인)

쇼핑몰을 배회하는 청년들(쿠웨이트)

험을 이렇게 언급한다.

네, 저도 블루투스 휴대전화로 메시지를 보내보긴 했지만 심각하게 하지는 않
아요. 예를 들면 호감 가는 여자에게 "how are you?"라는 문자 메시지나 꽃
그림이 그려진 그래픽 메시지, 노래 같은 걸 선물합니다. 답신이 오지 않는 경
우도 있고 가끔 호의적인 답장이 오거나, 아니면 욕설이 오기도 하지요.

이처럼 중동의 젊은이들은 IT와 관련된 과학기술 발달이 결혼 전 배우자
탐색과 교류의 수단으로 유용하게 이용되고 있음을 인정했다. 그러나 무슬
림 젊은이들이 모두 신기술에 의해 이성 간 접촉이 늘어난 것을 환영하는
입장은 아니다. 바레인 대학 영문과에 재학 중인 22세의 파티마는 블루투스
휴대전화 사용과 쇼핑몰에서의 남녀 접촉을 상당히 부정적이고 부도덕한
것으로 인식하고 있다.

쇼핑몰에는 바레인 사람만 있는 게 아니에요. 쿠웨이트, 사우디, 카타르 사람
들도 있죠. 남자들은 대부분 블루투스로 메시지를 보내기 위해 몰에 가요. 여
자들도 그것 때문에 일부러 가는 경우가 좀 있어요. 블루투스 덕분에 메시지
를 인터넷으로 교환하는 건 많이 줄었어요. 실명이 거론되지 않는 온라인 세
계보다 블루투스로 상대방을 직접 확인하고 메시지를 교환하는 게 더 안전하
다고 생각하기 때문이죠.

파티마처럼 부정적인 견해를 가진 젊은이들도 있으나 중동 이슬람 사회
에서 IT 과학기술의 발달은 이슬람의 전통적인 가치인 가문의 명예를 보존

하는 범위 내에서 결혼 전 배우자를 탐색하고 이성과 교제를 할 수 있는 유용한 수단으로 이용되고 있다. 이러한 현상은 —— 비록 아직은 표면화되지 않았지만 —— 기존 중동 이슬람 사회에는 없던 새로운 개념인 '남자친구/여자친구'와 '데이트' 개념의 등장을 야기했고, 이는 이슬람 사회 내 엄격하게 분리된 젠더 라인을 좀 더 유연하게 변화시키고 있음을 시사한다.

결론적으로 배우자를 만나는 방법은 과거 카뜨바를 통한 중매에서 좀 더 다양한 방법으로 변화했다. 오늘날 중동의 무슬림 젊은이들은 친구의 소개, 그룹 미팅, 결혼식 피로연, 쇼핑몰에서 마음에 드는 상대를 고르는 '오프라인'과 채팅 프로그램을 통한 '온라인' 미팅으로 교제의 폭을 넓혀가고 있다. 과거와 달라진 또 다른 점은 과거에는 부모가 모든 것을 결정한 후 자녀들의 동의를 구하는 절차를 밟았다면 오늘날 중동의 젊은이들은 좀 더 개방된 사회 분위기에서 상대방에 대해 먼저 탐색하고 당사자끼리 결혼 의사를 결정한 후 부모의 동의를 구하는 절차를 밟는다는 것이다. 이는 오늘날 중동 이슬람 문화권의 젊은이들은 배우자 선택에서 부모 세대보다 자신의 의사 표현이 훨씬 자유롭다는 것을 의미한다. 즉 자녀의 배우잣감에 대한 결정권이 과거에는 부모에게 주어졌으며 자녀들에게는 단지 상징적인 의미의 거부권만 주어졌던 반면, 오늘날에는 자녀들이 자신에게 맞는 배우잣감을 선택하고 거부권은 부모들에게 상징적으로 주어지고 있다. 이를 반영하듯 1960년대 결혼한 아이샤는 "과거 자녀들은 가족에 의해 좀 더 지배받았지요. 배우잣감의 선택은 가족이 결정하는 문제였으나 오늘날은 모든 게 변했어요"라고 말하며 오늘날 젊은이들의 결혼 결정에 가족은 예전처럼 영향력을 미치지 못하고 있다고 언급했다. 이와 관련하여 하미드는 다음과 같이 언급했다.

오늘날은 과거에 비해 모든 게 변했지요. 공공장소에서 남녀의 접촉이 거의 없었던 우리 부모 세대에는 어머니가 아들의 배우잣감을 선택했지요. 여자들은 자기들만의 모임을 통해 서로를 알 수 있었기 때문이지요. 그러나 남녀 간 접촉이 가능해진 오늘날에는 어머니가 아들의 배우잣감을 선택하지는 않아요. 저의 어머니는 배우자의 선택은 아들의 몫이라고 말하며 어머니의 의견은 중요하지 않다고 말하곤 합니다.

물론 가족마다 분위기가 다르겠지만 오늘날 부모들도 자녀의 선택을 존중하고 있다. 또한 젊은 세대들도 그들의 배우자 선택에서 부모의 네트워크에 덜 의지하는 추세이다. 즉 배우자 선택에서 권력이 부모로부터 자녀로 이동했다고 할 수 있다.

## 4. 배우자 선택과 젠더 이데올로기

중동 이슬람 문화권에서 배우자의 선택 과정은 '젠더화'되어 있다. 다시 말해 배우자 선택과정은 성에 따라 이분화되어 있는데, 남성에게는 여성에게 먼저 접근하고 남녀관계를 주도하는 역할이 기대되는 반면 여성에게는 남성이 접근할 때까지 기다리거나 남성의 의사를 수용하는 수동적인 역할이 기대된다. 아스마아와의 인터뷰는 성에 따라 달리 적용되는 남성과 여성의 이분법적 역할과 기대치를 반영한다.

그러니까…… 이집트에서는 남성이 여성에게 먼저 의사를 표현하고 접근해요. 여성이 남성에게 결혼에 대해 먼저 묻지는 않아요. …… 남성은 발신기이고 여성은 수신기 역할을 하지요. 일반적으로 남성은 신호를 보내고 여성은 그것을 받지요. 만일 당신이 당신의 감정을 표현한다면 그는 결코 당신을 사랑하지 않을 거예요. 특히 처음부터 그가 당신에게 호감이 없을 경우에는 더욱 그렇지요. 그러나 반대의 경우는 종종 일어납니다. 만일 여성이 그 남자를 처음부터 사랑하지 않더라도 그가 그 여성을 사랑한다면 그녀는 그 남자가 보내는 신호를 감지할 수 있지요. 그리고 곧 그를 사랑하게 될 겁니다.

흥미롭게도 여성들은 남성들에게 수동적이며 부끄럽게 보이는 것을 선호하고 남성들이 자신에게 접근하는 것을 즐기고 있다. 여성들은 소극적인 태도를 보이는 것이 자신의 가치를 높여준다고 생각하기 때문이다. 영국의 프랜차이즈 슈퍼마켓에서 사무직으로 근무하는 26세의 기혼녀 달리야는 자신의 경험을 다음과 같이 말했다.

여자들은 남자들이 접근해올 때 적극적인 걸 좋아하지요. 그렇지만 만일 당신이 마음에 두는 남성이 있다면 그의 시선을 끌면서 동시에 자존심을 지키기 위해, 접근하는 방법은 간접적이어야 합니다. 중요한 것은 여자에게 먼저 말을 거는 사람은 남자여야 한다는 거예요. 여성은 결코 자신의 의도를 먼저 내보여서는 안 됩니다. 힘들긴 하지만 우리는 이 방법을 좋아해요.

달리야의 말은 남녀의 역할이 엄격히 구분된 이슬람 사회에서 남성 앞에서 수줍어하며 소극적인 여성이 더 선호되지만 여성들은 결코 수동적이지 않다는 것을 시사한다. 오히려 여성들은 전통적으로 규정된 이상적인 여성형인 '기다리고, 인내하고, 수줍어하는' 이미지를 전략적으로 이용하고 있다. 또한 여성들은 사회적으로 용인되는 범위 안에서 간접적으로 남성들에게 접근을 시도하고 있다. 하미드와의 인터뷰는 남성들 또한 이를 인지하고 있다는 것을 암시한다.

> 만일 여자가 남자에게 먼저 관심을 표현하고 관계에서 주도권을 쥐려고 한다면 그에게 나쁜 인상만 남길 거예요……. 무엇보다도 이것은 그 여자가 품행이 올바르지 않다는 의미거든요. 그래서 여자들은 남자의 이목을 끌기 위해 간접적인 전략을 씁니다. 그러나 여자가 먼저 전화를 하거나 직접 관심을 표현하는 것은 절대로 안 됩니다.

이처럼 중동의 무슬림 남성과 여성에게는 일상생활에서 성에 따라 달리 구분되는 이상적인 젠더 이미지와 역할, 행동규범이 요구된다. 남성에게는 단호하고 적극적인 이미지가 요구된다면 여성에게는 보수적이고 수동적인 이미지가 요구되는 것이다. 그러나 실질적으로 여성들은 현실에서는 좀 더 적극적으로, 그러나 간접적인 전략을 통해, 전통적인 젠더 역할에 도전하며 자신이 원하는 바를 성취하고 있다. 사회, 특히 남성들 또한 여성들의 이러한 간접적인 전략을 묵인하고 있으며 여성들의 조용한 전략을 비난하지 않는다. 즉 여성들은 칸디요티가 정의한 '가부장제도와의 거래(bargaining with patriarchy)' 이론에서 주장한 바처럼 가부장 중심의 사회구조 내에서 기존 사회의 규범을 깨지 않으며 자신들의 안전과 이익을 극대화하고 있다.

## 5. 부상하는 데이트 문화

앞서 언급한 바처럼 과학기술의 발달로 보수적인 걸프 지역에서조차도 무슬림 젊은이들 사이에서는 남자친구/여자친구 개념과 데이트 문화의 개념이 서서히 등장하고 있다. 남자친구/여자친구와 데이트라는 개념은 최근에 등장했기 때문에 이를 지칭하는 아랍어 단어는 없다. 비록 이슬람 문화권에서 결혼 전 이성친구와 데이트 하는 것이 새로운 문화로 자리 잡아가고는 있으나 —— 자기가 살고 있는 지역사회의 분위기와 가족의 성향에 따라 다르겠지만 —— 여전히 결혼 전 이성과 공공장소에서 데이트를 하거나 공적으로 이성과의 교제에 대해 언급하는 것은 금기시된다. 따라서 이성을 공개적인 장소에서 단둘이 만나는 데에는 여전히 많은 위험부담이 따르게 된다.

친구나 가족의 소개로 적당한 사람을 만난 무슬림 젊은이들은 약혼이나 결혼 전까지 서로를 관찰하고 탐색할 수 있는 기간을 갖고자 한다. 이성과의 만남은 때때로 부모 몰래, 혹은 가장인 아버지에게는 비밀로 행해지고 있는데, 부모 몰래 보호자인 마흐람의 동행 없이 데이트를 하는 젊은이들은 점점 늘어가는 추세다. 비록 데이트가 이슬람 문화권에서 최근에 부상하는 신개념이지만 무슬림 젊은이들은 자신들의 데이트 문화를 서양에서 행해지는 '서양식 데이트'와는 분명하게 구별 짓는다. 이를 반영하듯 28세의 무스타파는 이집트에서 젊은이들이 행하는 데이트에 대해 이렇게 언급했다.

이집트에도 데이트라는 개념이 있긴 하지만 서양식 데이트 개념과는 다릅니다. 우리는 우리 사회에서 받아들일 수 있는 범위 내에서만 데이트를 합니다. 예를 들면 커플 간에 진한 스킨십은 없어요. 만일 데이트를 하는 젊은이들이 진한 스킨십을 한다면 그건 우리의 종교와 관습, 전통을 아예 무시하는 겁니다.

재미있는 것은 무스타파의 말이 보여주듯 위성 TV, 할리우드 영화 등을 통해 서양의 다양한 문화를 접한 무슬림 젊은이들은 서양식 데이트 스타일을 부도덕하고 타락한 남녀관계로 규정하고 있다는 것이다. 그러면서 자신들은 순결하고 서양 문화는 타락했다는 이분법적 잣대로 데이트 문화를 인식하고 있다.

데이트 기간에 대해서도 남녀 간 입장 차이는 크다. 대체로 남성들이 여성들보다 공식적인 연인관계를 공표하기 이전에 데이트 기간을 좀 더 길게 갖는 것을 선호한다. 이에 반해 여성들은 남성에 비해 짧은 데이트 기간을 선호한다. 결혼 전 여성의 평판이 남성의 평판보다 더 중시되는 이슬람 사회에서 약혼 관계가 아닌 남성과 밖에서 같이 시간을 보내는 것이 이웃에게 목격될 경우 그 여성뿐 아니라 그 여성의 가족의 명예에 큰 흠집이 생기기 때문이다.

과연 보수적인 사회에서 무슬림 청소년들은 어떤 장소에서 어떻게 데이트를 즐길까? 오늘날 미국의 소비문화에 노출된 신세대 무슬림 젊은이들의 취향과 기호에 맞추기 위해 중동의 외식업체와 오락산업도 빠르게 발전하고 있다. 중동의 여러 도시에는 현대식으로 잘 꾸며진 깨끗한 미국식 카페와 음식점, 복합 상영관을 갖춘 쇼핑몰, 현대식으로 개조한 아랍식 전통 음식점, T.G.I.F나 칠리스(Chilis) 같은 세계화된 음식점이 고급스런 주택가와 나일 강변에 속속 들어서고 있다. 걸프 지역과 마찬가지로 이집트에서 최근에 등장한 복합 쇼핑몰은 신세대 젊은이들에게 이성 간의 만남의 장소와 현

해변에서 데이트하는 젊은 남녀(쿠웨이트)

쇼핑몰에서 데이트를 즐기는 모습(쿠웨이트)

대식 소비문화의 장을 제공하고 있다. 이집트에서 쇼핑몰의 등장과 청소년들의 행태를 연구한 아바자(Abaza, 2001a)는 쇼핑몰의 등장으로 젊은이들 사이에서는 이슬람의 보수적인 규범이 완화되는 현상이 나타난다고 주장한다. 이는 쇼핑몰이 이성 간의 만남을 부추기기 때문이라고 해석한다.

데이트할 때 대부분의 중동 국가에서는 남성들이 데이트 비용을 부담한다. 여성들에게 대접을 받는 남성들은 자신의 남성성이 훼손되었다고 생각하며, 이를 상당히 불쾌하게 여긴다. 컴퓨터 관련 다국적 기업에서 근무하는 34세의 사미르는 데이트 비용 부담에 대해 이렇게 의견을 피력한 바 있다.

> 나는 남자입니다. 이슬람에서는 남성이 금전적으로 여성을 책임져야 합니다. 여성들의 지위 고하를 막론하고 남성들은 여성을 초대해야 합니다. 왜냐하면 우리는 남자이기 때문이지요. 코란에서는 "알 - 리갈 까와문 알라 니싸아 비마 안파꾸(al-rigal qawamun 'ala nisaa bima anfaqu)"라는 말이 있는데 이 말은 "생계를 유지하는 데 남성들이 여성들보다 우위에 있다"라고 해석됩니다. 그러니까 무슬림 남자들은 자신의 여성들을 경제적으로 책임져야 하지요.

남성이 경제적으로 여성을 책임져야 한다는 무슬림 사회의 관습과 전통으로 이집트 젊은 남성들은 여자친구와 데이트하는 비용을 대부분 감당한다. 이러한 사회의 기대감에 부응하는 데 남성들은 부담을 느끼는 것은 사실이나, 체면 때문에 이런 데이트 문화에 대해 큰 소리로 불만을 토로하지 못한다. 경제력 상실은 남성성 상실에 관한 문제이고 이는 남성의 명예와 체면 유지에 타격을 주기 때문이다.

## 6. 데이트에 대한 이중 잣대

오늘날 중동 이슬람 문화권의 젊은이들은 결혼 전 상대방을 탐색하려는 목적으로 데이트를 하지만 데이트 문화에는 남성과 여성에 서로 다른 이중 잣대가 적용된다. 결혼 전 남자친구가 있던 여성은 결혼 상대자로 선호되지 않는다. 남자친구가 있던 여성으로 소문이 날 경우 이 여성은 이웃에게 헤픈 여성이란 낙인이 찍히기 때문이다. 반대로 결혼 전 여자친구를 많이 사귀어본 남성은 배우잣감으로서 여성들에게 거부감이 없을 뿐만 아니라 동료들 사이에서는 오히려 선망의 대상이 되기도 한다. 젊은 남성들 사이에서 데이트 경험이 많다는 것은 상대방과의 관계를 잘 조절하는 남성의 감각과 지성을 의미하기 때문이다. 카이로의 AUC(American University in Cairo)에 재학 중인 19세의 한 여학생은 이렇게 말한다.

남자들은 여자들과 심각한 관계를 원하지 않아요. 남자들은 즐기고 싶어 하지요. 그러나 결혼할 때가 오면 남자들은 배우잣감으로 보수적이며 다른 남자와는 사귀지 않은 여자를 원해요. 만일 남자들이 자기의 여자친구가 과거에 다른 남자를 사귄 경험이 있다는 것을 알게 되면 마음을 바꿀 거예요. 이 때문에 여자들은 과거를 숨기지요. 남자들한테는 진실을 숨기는 게 더 나아요. 남자들이 접근해오면 저는 제가 얼마나 상대하기 힘든 사람인지 알리기 위해 '노(No)'라고 말해야 해요. 남자들은 이중 잣대를 가지고 있어요.

남성과 여성에 달리 적용되는 중동 이슬람 사회의 이중 잣대 때문에 여성들은 자신들의 평판과 명예를 지키기 위해 불필요한 이성 관계를 피하고 있다. 무슬림 남성들은 일반적으로 자신의 가족 범주에 속하는 여성과 범주 밖의 여성에 대한 이중 잣대를 갖고 있다. 다시 말하면 무슬림 남성들은 여성에 대해 '우리 여성/남의 여성'이라는 이분법적 관념을 갖고 있다. 가족의 범주 내 여성을 지칭하는 전자의 경우 여성은 존경받을 뿐만 아니라 심지어 우상화된다. 가족의 범주 내 여성은 희생·보호·사랑·관대라는 단어와 함께 묘사된다. 반면 가족의 범주 밖의 여성은 간혹 요부의 이미지로 묘사되며 잠재적인 위협의 대상으로 인식된다(MacLeod, 1991: 82~83). 같은 맥락에서 라삼(Rassam)은 이슬람 문화권에서 가족의 범주 내 핏줄로 연계된 여성인 어머니, 누이, 딸은 존경·숭배·사랑의 대상이라고 언급한 바 있다. 어머니는 강하고 믿음직스럽고 책임감 있고 현명하기 때문에, 누이와 딸은 연약한 보호의 대상이기 때문에 남성들은 이들에게 애정과 관심을 쏟는다. 남성들이 자신의 가문이나 부족의 여성을 보호할 수 있는 능력은 자신의 가문의 명예를 지키는 능력과 직접적으로 연관된다. 자신의 가문의 여성을 지키지 못하는 남성은 약하고 무능하다고 간주되며 가문이나 부족에 수치스러운 존재로 인식된다(1980: 173). 이처럼 라삼은 왜 젊은 남성들이 자신의 누이들에게 적용하는 잣대와 다른 여성에게 적용하는 잣대가 다른지를 설명하고 있다.

## 7. 세계적인 연인의 날, 밸런타인데이 기념과 이슬람의 반응

안면을 트고 상대방을 탐색하길 원하는 젊은이들은 데이트 기간 중 상대방의 생일과 기념일 등을 챙기며 연인에게 로맨틱한 이벤트를 만들어준다. 혼전 이성 간의 교제가 선호되지 않는 보수적인 이슬람 사회에서 젊은이들은 아마도 서양에서 유입된 로맨스 영화, 대중음악, 책, 드라마에서 묘사되는 연인들의 낭만적인 사랑 이야기를 통해 로맨틱한 연인관계를 기대하는 듯하다. 이와 더불어 연인관계는 로맨틱해야 한다는 젊은 신세대들의 인식은 최근 몇 년 전부터 세계화의 물결과 함께 증가하는 추세다. 그 예로 밸런타인데이가 있다. 이집트의 중국계 통신회사에 근무하는 리함이라는 젊은 여성은 밸런타인데이 기념에 대해 이렇게 말했다.

과거에 우리는 밸런타인데이를 기념하지 않았어요. 이날을 기념하기 시작한 건 불과 몇 년 전이에요. 사람들이 이날을 기념하게 된 건 아마도 인터넷에 떠도는 이메일 광고 때문인 것 같아요. 밸런타인데이가 언제인지 잊어버려도 이메일 광고로 그날을 기억하게 되거든요. 5~6년 전만 해도 우리는 그날의 의미조차 몰랐지요.

이메일과 더불어 세계화된 서구식 소비문화 패턴의 형성은 무슬림 젊은이들 사이에서 밸런타인데이 기념을 한층 더 부추기고 있다. 음식점, 카페테리아, 호텔은 자체적으로 준비한 밸런타인데이 기념 특별 이벤트를 한 달 전부터 광고하며 무슬림 젊은이들은 연인에게 줄 선물을 준비하고 낭만적인 데이트를 위해 분위기 있는 식당을 예약한다. 흥미로운 것은 이집트 같은 곳에서는 우리나라의 칠월칠석날과 같은 현지 연인의 날(11월 4일)이 있다는 것이다. 이날은 단지 일부 애국자들과 사랑에 목매는 소수 신세대들만 기념하고 있을 뿐 일반인들에게 2월 14일 밸런타인데이만큼 지지를 크게 받지 못하고 있다.

무슬림 젊은이들이 세계화된 밸런타인데이를 기념하는 것에 대해 이슬람 법학자들의 반응은 부정적이다. 밸런타인데이는 무슬림의 전통과 무관한 외국의 행사이기 때문이다. 이와 관련해 한 법학자는 이렇게 언급했다.

> 이슬람은 사람들의 관계를 가깝게 만드는 즐거운 일을 인정한다. …… 그러나 이슬람은 밸런타인데이와 같이 서양에서 기념되는 연인의 날을 맹목적으로 모방하는 것에 대해서는 반대한다. …… 그날 비종교적인 일이 많이 일어날 것이라는 데에는 의심할 여지가 없다. 이것은 진정한 의미의 사랑을 잊게 만들고 도덕심마저 잃게 만든다……(http://www.islamonline.net, retrieved Feb. 2003).

이슬람 법학자의 언급을 통해 알 수 있는 것은 이슬람에서 서양식 사랑 표현 방법은 상당히 부도덕적으로 인식된다는 점과 이슬람에서 밸런타인데이 기념은 지양해야 할 것으로 규정한다는 점이다. 그러나 법률학자가 어떤 해석을 내리든 중동 지역의 신세대 무슬림 젊은이들의 생각은 이들과는 다르다. 실제로 매해 2월 14일이 되면 중동 무슬림 젊은이들은 자신의 사랑을 연인에게 로맨틱한 방법으로 표현하고 있다. 이날 길거리에는 초콜릿과 꽃바구니를 들고 다니는 젊은 여성으로 넘쳐나며 분위기 좋은 음식점은 일찍 예약이 종료된다.

## 8. 인터넷 채팅과 이슬람의 반응

이슬람의 전통과 관례상 무슬림들은 결혼하지 않은 커플이 밖에서 데이트를 하거나 비공개된 공간에 남겨질 때 항상 가족이나 친척들이 보호자로 동반해야 한다고 믿는다. 사람들은 종종 "남자와 여자가 단둘이 남겨졌을 때 사탄이 항상 함께한다"라는 하디스를 인용하며 이를 되새기고 있다. 이 성 간 엄격한 분리를 중시하는 이슬람 문화권에서 오프라인상 남녀관계는 제3자에 의해 규제되지만 온라인상 남녀 간의 관계는 어떻게 규제되는 걸까? 인터넷 채팅을 통해 모르는 남녀가 서로 연락하고 이야기를 나누는 것에 대해 이슬람 권위자들은 어떤 반응을 보일까? 다시 말해 이슬람은 '남녀교제의 테크놀로지화와 현대화'에 어떤 해석을 내릴까?

인터넷 채팅을 통해 맺어지는 온라인상 이성교제에 대해 이슬람의 반응은 크게 두 가지로 나뉜다. 첫째는 인터넷 채팅은 이슬람의 관습에 어긋나기 때문에 엄격하게 금지되어야 한다는 입장과, 둘째는 인터넷의 장점을 무시할 수 없는 현실을 고려해볼 때 이성 간의 온라인 접촉을 제한적으로 허용하고 받아들여야 한다는 입장이다. 두 번째 의견과 관련해 이슬람 관련 인터넷 상담 사이트의 법률학자는 이렇게 언급한 바 있다.

채팅이 이성 간에 이루어진다면 이는 금지되어야 할 것이다……. 그러나 만일 인터넷상에서 호감 가는 상대를 찾았고 결혼을 전제하여 상대방을 더 자세히 알고 싶다는 이유로 채팅이 진행된다면 가족의 일원이 이 문제에 개입해야 할 것이다. 집안 어른이나 믿을 만한 친구가 상대방에 대해 조사해야 할 것이다. …… 그러므로 인터넷 채팅이 점잖게 행해지거나 관습에 어긋나지 않으면 '할랄(halal), 즉 허용된 것이고, 이슬람의 관습과 규범에 어긋난다면 이는 하람(haram), 즉 금지된 것으로 간주되어야 할 것이다(http://www.islamonline.net, retrieved Feb. 2001).

이슬람 법률학자의 해석에서 알 수 있듯 ── 물론 법학파마다 차이는 있으나

―― 이슬람은 우리가 알고 있는 것처럼 결코 현대화나 세계화에 거스르는, 혹은 현대화와는 양립할 수 없는 가치는 아니라는 것이다. 오히려 변화하는 사회의 흐름에 유연하게 대처함으로서 현재를 살아가는 젊은이들에게 세계화에 적응해나가며 동시에 무슬림으로서의 정체성을 유지해나갈 수 있는 방법을 제시하고 있다.

## 9. 할리우드 몸매의 세계화와 다이어트 공화국의 출현

오늘날 무슬림들은 어떤 여성 혹은 남성과 결혼하고 싶어 할까? 그들의 이상형은 어떤 스타일일까? 한마디로 답한다면, 우리나라의 이상형이 시대에 따라 달리 변해왔듯 이슬람 사회의 이상형 역시 시대마다 다르게 발전해왔다. 그러나 재미있는 현상은 여성들의 남성에 대한 이상형은 크게 변하지 않은 반면 남성들의 여성에 대한 이상형은 많이 변했다는 사실이다. 예나 지금이나 여성들은 대부분 배우자 선택 시 외모보다는 경제력과 지적 능력이 뒷받침되는 남성과의 결혼을 선호해왔다. 반면 남성들은 배우잣감의 외모에 많은 비중을 두고 있으며 따라서 남성들이 선호하는 여성상은 시대의 유행에 따라 달리 변화되어왔다. 중동 무슬림 사회에서 남성의 경제력과 여성의 외모가 결혼에서 중시되는 조건이 된 이유는 아마도 이성 간의 교제가 극히 제한되기 때문인 듯하다.

1960년대와 1970년대에 결혼했던 부모 세대에서 인기 있던 이상적인 여성형은 통통하고 둥실둥실한 여성이었다. 당시의 어려운 경제상황을 고려해볼 때 통통한 몸매를 지닌 풍만한 여성은 부, 건강, 다산을 상징했기 때문이다. 전통적으로 여성의 미를 지칭하는 아랍어는 '까마르(qamar)'로, 이는 둥근 달을 의미한다. 여성에게 까마르를 닮았다는 말은 미에 대한 최고의 극찬으로 여겨졌다. 그러나 오늘날 비만이 병으로 인지되는 새로운 문화적 · 의학적인 맥락에서 뚱뚱한 여성은 부모 세대처럼 선호되지 않는다. 오히려 살이 찐 것은 부, 건강, 다산보다 게으름, 나태, 자기 관리 부족이라는 부정적 이미지와 연계된다. 따라서 이집트의 많은 젊은 여성들은 체중감량을 위해 애쓰고 있다. 이러한 현상을 반영하듯 현지에서 만난 여성에게 인사말로 "너 오늘 살 빠져 보인다"라고 하면 기뻐하며 고맙다고 인사하곤 했다.

여성들은 결혼을 했건 하지 않았건 체중 감량을 위해 운동하는 데 시간을 투자하거나 음식 조절에 신경을 쓴다. "모든 이집트 여성은 항상 다이어트를 한다. 결혼하지 않은 여성은 신랑감을 찾기 위해, 결혼한 여성은 남편을 다른 여성에게 빼앗기지 않기 위해"라는 농담 아닌 농담을 하기도 했다. 이집트뿐만 아니라 여성들의 다이어트에 대한 강박관념은 걸프 지역 여성에게도 큰 부담으로 다가오고 있다. 북아프리카 지역과 달리 걸프 지역 여성들은 인도, 스리랑카, 필리핀에서 온 값싼 외국인 노동력을 고용해 다른 지역 여성들보다 가사와 육아 노동에서 좀 더 자유롭다. 전통적인 아랍의 고칼로리 음식 섭취와 이를 소비할 일거리가 없는 걸프 지역 여성들의 비만율은 다른 지역 여성에 비해 훨씬 높다. 이러한 환경 속에서 여성들의 다이어트에 대한 강박관념은 점차 높아지고 있으며 다이어트 음식과 운동에 대한 화제는 일상생활을 가득 메우고 있다.

여성들은 여성의 몸을 상품화하는 사회의 분위기가 '다이어트 공화국' 형성을 조장하고 있다고 비판적인 목소리를 내고 있다. 이와 관련해 바시요니(Basyouny)는 여성들의 몸은 사회적 · 문화적 · 역사적 · 의학적 맥락에서 해석되어야 한다고 언급한다(1997: 5). 바시요니는 여성의 몸은 섹슈얼리티에 대한 논쟁의 정점에 있다고 하면서, 오늘날 여성의 몸에 대한 집착은 사회적 맥락에서 만들어진 것이고 이는 차별로 이어지고 있다는 주장을 한다. 방송, 잡지, 일간지가 조장하는 여성의 몸에 대한 차별은 뚱뚱한 여성의 경우 가족들을 위해 음식을 준비하고, 빨래하고, 청소하고, 아이의 기저귀를 갈아주는 '전통'적인 여성의 이미지를 보여주는 반면, 날씬한 여성은 해변과 쇼핑몰을 거닐며 신용카드를 쓰고 고급 차를 운전하는 등 세련되고 현대적인 이미지를 보여준다고 언급했다. 여성의 몸에 대한 인식은 곧 사회의 계층 구별과 연계된다. 즉 전자에 묘사된 전통적인 여성이 저소득층 여성이라면 후자에 묘사된 세련되고 현대화된 여성은 상류층에 속하는 여성이다. 결과적으로 여성의 몸에 대한 새로운 문화적 코드는 남성과 여성이라는 성의 차별에서 뚱뚱함과 날씬함이라는 몸과 계층의 차별로 옮겨갔다고 말할 수 있다. 우리나라에서는 명절이 다가오면 각종 방송매체에서 '명절 때 살 안 찌는 법'에 대한 내용을 종종 주제로 다룬다. 무슬림 사회에서도 일출부터 일몰 전까지 한 달 동안 단식을 해야 하는 라마단 기간 동안 어떻게 하면 음식의 요리과정에서 칼로리를 줄일 수 있는지, 또는 라마단 한 달 동안 살이 찌지 않는 방법은 무엇인지와 관련된 주제가 잡지와 TV에서 자주 거론된다. 또한 여성 잡지에서는 결혼식 전 다이어트에 대한 특집을 싣기도 한다.

## 10. 전통의 재생산, 히잡(베일)의 패션화

중동 이슬람 문화권에서 혼기가 찬 남성들은 경제력과 지적 능력의 과시를 통해 결혼 시장에서 자신들의 가치를 높이는 반면, 여성들은 순결과 정조의 이미지를 강조해 자신들의 가치를 올린다. 이슬람 사회에서 순결과 정조는 여성들의 히잡(베일) 착용을 통해 암묵적으로, 그러나 더욱 가시적으로 표현되어왔다. 히잡의 착·탈에 대한 공방은 문화적·사회적·종교적·정치적·경제적 맥락에서 다양하게 진행되어왔으며, 학자들은 다양한 방식으로 무슬림 여성들의 전통 의상인 히잡에 대한 해석을 내리고 있다. 사전적 의미로 말하면 히잡은 아랍어의 '하자바(hajaba)'라는 동사에서 왔으며, 뜻은 '덮다, 가리다'이다. 히잡은 덮개, 가리개라는 뜻의 아랍어로 오늘날 여성들의 머리카락을 가리는 베일을 지칭하는 보통명사가 되었다.

무슬림 여성의 베일 착용 전통은 이슬람의 아주 오래된 전통으로 알려져 있으나, 이는 이슬람 도래 이전에도 있었던 것으로 이슬람이 그 문화의 발원지는 아니다. 이슬람 이전에 행해진 베일 문화의 발원과 그 확산 과정은 잘 알려져 있지 않으나, 함무라비 법전에서는 이를 셈 족 전통의 하나로 규정하고 있다(Hitti, 1961: 192). 함무라비 법전에 따르면 일반 여성이 노예나 매춘부로부터 자신들의 신분을 구별하기 위해 베일을 썼다고 한다. 이 전통은 수메르-바빌론 문화를 거쳐 아시리아까지 계승되었고, 이 당시 여성들 또한 자신이 자유인이라는 것을 나타내기 위해 베일을 썼다. 노예나 매춘 여성들은 베일을 쓸 수 없었고, 이 규정을 어긴 여성들은 체벌도 달게 받아야 했다고 한다. 그러므로 베일은 자유인 여성의 신분을 상징적으로 보여주었을 뿐 아니라 노예나 매춘부에게 베일 착용을 금함으로써 여성의 정조를 일반에게 공표하는 매체로도 사용되었다(Ahmed, 1992: 14).

베일 착용의 전통은 아랍 셈계의 후손들에게 전해져 내려왔고, 이들은 7세기 이슬람 도래 이후에도 자신들의 문화로 계속 계승해나갔다. 이슬람교의 예언자인 사도 무함마드는 기존에 아라비아 반도에 존재하던 전통문화에 알라(Allah)에게서 받은 계시들을 바탕으로 새로운 사회를 만들었고 이슬람에서 베일을 받아들인 것도 바로 이러한 배경으로 이루어진 것이다. 다음의 일화는 이슬람 도래 이후 베일 착용 문화가 어떻게 이슬람 종교문화에 수용되었는지 그 과정을 보여준다.

> 히즈라* 5년경 사도와 지도자로서 무함마드의 지위가 확고해져 갔다. 그는 다양하고 수많은 방문객들을 맞이했다. 방문객들은 사도와 대화를 나눌 수 없을 때 사도의 부인들과 종종 대화를 나누었다. 비공식적인 장소에서 위선자들은 때때로 사도의 부인을 모욕했고 그들은 사도의 부인을 노예로 착각했다고 변명했다. 이런 일이 빈번해지자 사도를 따르는 무리들은 무함마드에게 사도의 부인들을 분리시키라고 촉구했다(Ferma & Bezirgan, 1977: 29).

이슬람 도래 이후 종교적 의미가 부여된 베일을 처음 쓴 여성은 사도 무함마드의 부인인 아이샤로 알려져 있다(Ahmed, 1992: 43). 이 일화는 이슬람 가부장제 분위기에서 채택되었던 베일 착용 문화의 배경을 다음 몇 가지 관점에서 보여준다. 불신자들의 모욕과 희롱을 피하기 위해 착용하게 되었던 베일은 여성을 억압하기 위한 수단이 아니라 여성을 보호하기 위한 수단이었다. 또한 사도의 부인인 아이샤가 이슬람 역사에서는 처음으로 베일을 썼던 여성으로 간주되는 만큼 베일에는 존경·정숙·겸손의 의미가 배어 있다. 코란의 '빛' 장(24장) 31절에서는 여성들이 베일을 써야 할 범주에 대해 다음과 같이 상세히 언급하고 있다.

---

\* 히즈라(Hijrah)란 사도 무함마드가 서기 622년 메카에서 메디나로 이주하던 해를 지칭하며, 이를 기념하여 이슬람의 원년으로 정하고 있다.

믿는 여성들에게 일러 가로되 그녀들의 시선을 낮추고 순결을 지키며 밖으로 나타내는 것 외에는 유혹하는 어떤 것도 보여서는 아니 되나라. 그리고 가슴을 가리는 머릿수건을 써서 남편과 그녀의 아버지, 남편의 아버지, 그녀의 아들, 남편의 아들, 그녀의 형제, 그녀 형제의 아들, 그녀 자매의 아들, 여성 무슬림, 그녀가 소유하고 있는 하녀, 성욕을 갖지 못한 하인, 그리고 성에 대한 부끄러움을 알지 못하는 어린이 외에는 드러내지 않도록 하라(최영길 역, 2003: 648).

이 밖에도 코란에 따르면 여성이 나이가 들어 성욕을 느끼지 않을 나이가 되면 베일을 착용하지 않아도 된다고 한다. 베일이 이슬람의 전통으로 수용된 이래 베일의 이름이나 스타일, 몸을 가리는 정도에는 시대와 장소, 지역 문화에 따라 많은 변화가 있어왔다. 한 지역에서 유행하는 무슬림 여성들의 베일 스타일은 이슬람 법학자들의 해석에 영향을 받기도 한다. 일반적으로 하나피와 말리키 학파가 베일 착용에 대해 관용적인 입장을 취하는 반면, 샤피와 한발리 학파는 이에 대해 입장이 엄격하다.

베일로 쓰이는 천에 대해서는 구체적인 규정은 없으나 일반적으로 다음과 같은 조건을 만족시켜야 한다(Khan, 1995: 143). 첫째, 베일은 몸 전체를 덮어야 한다. 둘째, 베일이 투명하여 살이 보여서는 안 된다. 셋째, 어떤 베일이든지 유혹의 도구로 사용되어서는 안 된다. 넷째, 베일이 몸에 딱 달라붙어서도 안 된다. 다섯째, 베일이 남자 옷 같아서도 안 된다. 여섯째, 베일이 불신자들의 옷과 비슷해서도 안 된다. 일곱째, 베일로 허례허식이나 허영심을 나타내서도 안 된다. 그러나 오늘날 중동 지역에 가보면 이러한 법학파의 베일 규정을 모두 따르는 여성은 거의 없다는 것을 한눈에 알 수 있다.

오늘날 여성들이 베일을 쓰는 스타일은 나라와 지방 문화에 따라 다르게 나타난다. 예를 들어 두꺼운 검은색 천으로 몸을 완전히 가린 전통적인 스타일의 검은색 '아바야(abaya)'에서 한들거리는 실크로 된 천을 서양식 옷 색깔에 맞춘 스타일에 이르기까지 다양하다. 그러나 중동 여성은 대부분 서양의 개방적인 옷 스타일과 보수적인 이슬람식 옷을 모두 수용하는 중도를 택하고 있다.

무슬림 여성들이 베일을 착용하는 이유는 다양하다. 우선 무슬림 여성은 자신의 종교적 정체성과 경건함을 나타내기 위해 베일을 쓴다. 베일을 씀으로써 이들은 이슬람이라는 종교 안에 하나 되는 동질감과 소속감을 느낀다. 그뿐 아니라 타락하고 부패한 문화로 인식되는 서양과 반대되는 이슬람 혹은 동양의 정숙하고 깨끗한 문화적 전통을 표현하기 위해 베일을 쓰기도 한다. 베일에는 전통적으로 정숙의 의미가 부여되어왔기 때문이다. 즉 무슬림 여성들은 부패한 서양 문화의 영향을 거부하는 의도로 베일을 선택하기도 하는 것이다. 그리고 여성들은 자신의 도덕성을 표면적으로 타인에게 강조하거나 거나 직장 등 공공장소에서 일어날 수 있는 성희롱으로부터 자신을 보호할 목적으로 베일을 쓰기도 한다. 암묵적으로 도덕적인 여성으로 인식되는 베일 쓴 여성들에게 남성들은 함부로 접근하지 못하기 때문이다. 결혼 적령기에 이른 여성들은 결혼 시장에서 상대방에게 더 정숙한 이미지를 보여주기 위해 베일을 쓰기도 한다. 베일에 대한 사회의 관념으로 여성들은 행동의 자유를 얻기도 한다. 베일을 쓴 여성들은 베일을 쓰지 않은 여성들에 비해 남성들의 시선을 의식하지 않고 길거리와 직장을 포함한 공공장소에서 자유롭게 활동할 수 있기 때문이다. 또한 베일은 일용잡비에 드는 경제적 부담감을 해소하려는 여성들에 의해 많이 이용되기도 한다. 베일을 씀

다양한 색깔의 베일(쿠웨이트)

쇼핑몰의 아바야(바레인)

으로써 여성들은 미용비나 피복비 등 서양 패션을 따라잡기 위해 지출해야 하는 돈을 줄일 수 있기 때문이다. 그러나 일부 여성 사이에서는 샤넬이나 크리스천디오르 등 명품 스카프를 베일로 착용해 자신이 속한 계층의 소속감이나 부를 과시하는 경우도 있다. 또한 일부 여성은 라마단 기간 동안만 경건의 의미로 베일을 착용하고 그 이외의 기간에는 착용하지 않기도 하는데, 이는 오늘날 베일의 착·탈이 상당히 유연해졌음을 시사한다.

종교적·문화적·실용적인 의미 이외에도 베일에는 정치적인 저항의 의미 또한 포함되어 있다. 그 예로는 알제리 독립 전쟁 기간(1954~1962년) 프랑스의 식민지배에서 독립하기 위해 베일을 착용한 알제리 여성이나 1991년 걸프전 당시 베일을 착용하기 시작한 쿠웨이트 여성이 있다. 전자는 서구세력에 대한 저항의 상징으로, 후자는 이라크에 대한 저항의 상징으로 베일을 착용했다. 전쟁 기간 동안 베일을 쓴 여성들은 수색을 당하는 대상인 남성들 대신에 전통 복장인 검은색 아바야 속에 무기, 돈, 중요문서, 의약품, 음식물들을 감추어 나르면서 반전운동에 참여하기도 했다. 그 밖에도 오늘날 많은 여성들은 미적 표현의 한 수단으로 베일을 이용하기도 한다. 베일의 매듭 스타일이나 문양과 옷감이 다양해진 것은 21세기 새로운 패션 코드로 등장한 베일의 성격을 말해준다. 이를 반영하듯 쿠웨이트 대학교의 한 젊은 여성은 이렇게 언급한 바 있다.

오늘날 쿠웨이트에서는 패션의 상징으로 베일을 쓰는 여성이 늘어나고 있어요. 실질적으로 베일은 종교의 상징이라기보다 패션의 상징이 되어버렸어요. 사실 오늘날 많은 종교 단체는 종교를 더욱 흥미롭고 '쿨'하게 만들기 위해 노력하지요.

결과적으로 중동 이슬람 문화권 여성들은 전통과 현대, 이슬람과 서구화의 물결 속에서 전통적인 이슬람의 복장 착용의 형식에서 벗어나 좀 더 자유롭고 다채로운 스타일의 베일을 연출함으로써 전통적인 이슬람식 복장 착용에서 융통성을 발휘하고 있다. 베일의 형식이 좀 더 자유로워졌기 때문에 베일을 착용하는 무슬림 여성의 수는 해마다 증가하는 추세이다.

## 11. 이상적인 배우잣감

결혼 시 이상적인 배우잣감을 찾는 방법과 관련된 이론은 다음 몇 가지로 요약된다. 사람들이 배우잣감을 결정할 때 비슷한 집안 환경과 수준이나 비슷한 성격을 먼저 고려한다는 '동종형 이론(homogamy theory)', 비슷함을 찾기보다 서로 다름을 추구하는 '이종형 이론(heterogamy theory)', 백마 탄 왕자나 공주와 같은 이상형을 찾는 '이상형 이론(ideal mate theory)', 다른 무엇보다도 부모와 같은 이미지를 찾는 '부모 이미지 이론(parental image theory)'이 있다(El-Said, 1993: 9). 다양한 배우자 선택 이론 중 오늘날 무슬림 젊은이들의 배우자 선택의 양상은 대체로 어떤 이론에 부합될까?

결론부터 말하면, 무슬림들은 같은 국가, 같은 종교, 그리고 비슷한 생활수준을 누리는 같은 계층 출신의 사람들과 결혼하길 원한다. 이들은 출신 배경이 비슷하면 결혼생활에서 갈등은 최소화되고 가족 간의 화합과 신뢰는 최대화된다고 믿고 있다. 이슬람에서의 결혼은 개인의 일로 간주되기보다는 가족, 더 나아가 부족의 일로 간주되기 때문에 양쪽 집안의 생활수준이 비슷한 것을 이상적인 결혼의 조건으로 보는 것이다. 따라서 이슬람 문화권에서는 전통적으로 사촌혼이 선호되어왔다. 서로에 대해 잘 아는 사촌

간에 결혼을 하면 결혼생활의 갈등이 최소화될 것으로 믿기 때문이다.

이처럼 비슷한 환경에서 성장한 사람들끼리 결혼하는 것은 가족법에도 잘 반영되어 있다. 이집트의 가족법은 배우잣감 선택 시 양쪽 집안의 평등한 관계를 강조한다(El-Alami, 1992: 68~69; Uthman, 1995: 50~53). 이집트 가족법에 따르면 남자와 여자는 사회적 지위와 신분, 종교, 직업, 재산 정도에 따른 수준이 같아야 한다. 남편은 아내의 사회적 지위보다 낮아서는 안 되며, 남편의 직업은 아내의 가족 및 친척들의 직업과 비슷해야 한다. 남편은 경제적으로 아내 집에 혼납금인 마흐르(mahr)와 가족을 위한 부양비를 지급할 충분한 능력을 갖추어야 하며, 아내가 결혼 전 부모 밑에서 누렸던 편의와 안락을 결혼 후에도 누릴 수 있도록 배려해야 한다. 아내가 결혼 전 아버지의 부로 인해 풍족한 생활을 영위했다면 결혼 후 남편은 아내가 그와 비슷한 수준의 생활을 누릴 수 있도록 해주어야 하는 것이다. 이를 반영하듯 다국적 기업에 다니는 24세의 한 여성은 다음과 같이 말했다.

저는 약혼할 뻔한 적이 있었어요. 그 사람을 제가 만난 건 전에 다니던 회사 동료가 소개해서였고요. 몇 번 만난 후 그는 우리 집에 와서 청혼을 했어요. 아버지가 그 사람의 직업, 사는 곳, 부모님에 관한 것 등등 이것저것을 물어보았는데 탐탁지 않으셨던 것 같아요. 그 사람이 다녀간 후 약혼은 어려워졌어요. 왜냐하면 우리는 수준차를 많이 느꼈어요. 저의 경우 결혼에서 가장 중요한 건 사회적 배경이 비슷해야 한다는 거예요. 비슷한 환경의 사람일수록 생각하는 방법과 취향이 비슷하니까 대화가 더 쉽게 풀리는 법이니까요. 예를 들어 제가 이 가방(앞에 있는 가방을 가리키면서)이 예쁘다고 생각하는데 배우자의 생활수준이 비슷하다면 그도 똑같이 생각할 거예요. 비슷한 환경의 사람들이 서로를 더 잘 이해하기 마련이지요. 전 이런 사실을 믿어요.

　비록 중동의 많은 무슬림 젊은이들이 결혼을 점차로 가족의 일로 여기기보다 개인적인 일로 간주하는 추세이긴 하지만, 가족의 배경은 결혼 결정에 여전히 많은 영향을 미치고 있다. 사람들은 비슷한 종교와 문화, 같은 국적을 지닌 사람과 결혼하길 원한다. 특히 여성들이 같은 종교와 국적의 사람을 더 선호하는데 이는 이슬람의 관습과 국적법에 기인한다. 가부장 중심의 이슬람 사회에서는 아버지의 종교와 국적이 자녀에게 상속된다. 따라서 남성은 아내가 무슬림이건 비(非)무슬림이건 결혼 결정을 할 때 아내의 종교에 구애를 크게 받지 않는 반면, 같은 이유로 무슬림 여성들의 비무슬림 남성들과의 결혼은 극히 제한되어 있다. 비무슬림 남성이 무슬림 여성과 결혼하려면 반드시 혼전에 무슬림으로 개종을 해야 한다. 둘째로 문제되는 것은 국적법인데, 이집트의 경우 여성이 여타 아랍 지역을 포함한 비이집트 남성과 결혼할 경우 그 자녀는 아버지의 가문에 소속되므로, 어머니의 국적을 상속받을 수 없다. 따라서 부부가 모두 이집트에 거주해도 그 자녀는 외국인 취급을 받으며 사회·제도적으로 많은 차별을 당하게 된다. 외국인 신분의 자녀는 비싼 수업료를 내야 하며 거주자 허가가 만기될 때마다 매번 연장 등록을 해야 한다. 일부 걸프 지역에서는 국가 차원에서 자국민끼리의 결혼을 권장하는 경우도 있다. 오늘날 걸프 지역에서는 현지 여성과 결혼할 경우 남성의 결혼 비용에 부담을 느끼는 젊은이들이 현지인 여성보다는 외국인 여성을 배우잣감으로 선택하는 경향이 늘고 있기 때문이다. 이러한 현상으로 걸프 지역에서 결혼 적령기에 달해도 결혼을 할 수 없는 무슬림 노처녀가 양산되고 있다. 따라서 국가 차원에서 외국인 여성과 결혼하는 자국 남성에게 복지혜택을 줄임으로써 국가의 부가 밖으로 유출되는 것을 차단하고 동시에 자국 여성을 구제하는 정책을 펴고 있는 것이다.

## 12. 인터넷이나 휴대전화 문자 메시지로 하는 청혼과 이혼의 유효성

이슬람 사회에서는 IT 산업의 발달과 함께 새롭게 고려해야 할 문제가 대두되었다. 오늘날 휴대전화와 인터넷의 발달이 젊은이들의 교제와 결혼 문화에 많은 영향을 미치고 있기 때문이다. 그렇다면 과연 이슬람 법은 이메일이나 휴대전화 문자 메시지, 전화, 팩스 메시지와 같은 고급화된 통신 수단을 통한 결혼이나 이혼의 요구를 어떻게 해석하고 있는가? 휴대전화 문자 메시지, 전화, 팩스 메시지를 통한 이혼은 과연 가능한 것일까? 무슬림 신세대들은 이와 관련한 질문들을 인터넷상의 이슬람 상담코너를 통해 던지고 있다. 이슬람에서 이메일로 한 청혼이나 이혼이 가능한지에 대해 이슬람 법학자는 이렇게 해석한다.

무슬림 법학자들에 따르면 편지나 전화로 한 결혼은 가능하지 않다. 이는 이메일의 경우에도 똑같이 적용된다. 이슬람에서 결혼은 공식적인 법 계약에 의해 이루어진다. 누가 누구랑 결혼하는지 그 관계는 분명히 밝혀져야 한다. 이런 맥락에서 이슬람 법에서는 결혼을 타인들에게 광고할 것을 강조하고, 이 부분이 애매모호해서는 안 된다. 이런 점 때문에 결혼에는 반드시 증인이 필요한 것이다. 결혼 당사자가 불참했으면 대리인인 와킬(wakil)을 임명해야 한다. 결혼하는 사람이 와킬을 직접 임명해야 한다. 와킬의 임명은 전화, 팩스, 이메일로 가능하다. 와킬은 임명자를 위해 상대방에게 결혼을 제안하고 이에 대한 승인을 해야 한다(http://www.islamonline.net, retrieved Apr. 2002).

이 해석에 따르면 이메일을 통한 결혼계약은 유효하지 않다. 그러나 이혼의 경우 이혼하고자 하는 작성자의 의도가 명백히 표현되는 한 이메일이나 휴대전화 메시지를 통한 이혼 성립은 가능하다. 이와 관련해 이슬람 법학자는 다음과 같이 해석한다.

서면이나 휴대전화를 통한 이혼 통보는 유효하다. 그러나 여기서 확실히 해두어야 할 것은 작성자가 남편 당사자라는 것이다. 만일 남편이 작성자라는 사실을 인정하면 이혼은 유효하다. 그러나 남편이 그 메시지의 작성자라는 것을 입증해줄 두 명 이상의 증인이 있어야 한다. 메시지에는 작성자의 의도가 있어야 한다. 이 의견에 대해서는 이슬람 법학자들이 대부분 인정하고 있다(http://www.islamonline.net, retrieved May 2002).

이슬람 법은 매일 새롭게 진화되는 과학기술이 오늘날 신세대들의 결혼과 이혼에 미치는 영향을 위와 같이 해석하고 있으나, 이러한 해석들이 실제로 현실에서 어떻게 반영되는지에 관해서는 좀 더 많은 연구가 필요하다.

## 13. 나오며

배우잣감을 정하는 과정은 커플 간의 관계가 아직 공식화되지 않았기 때문에 결혼의 비공식적인 과정을 보여준다. 오늘날 이집트를 포함한 중동 이슬람 문화권의 젊은이들은 과거처럼 배우자를 부모의 네트워크에 의존하기보다 스스로 찾는 추세이다. 오늘날 젊은이들은 그룹 미팅 또는 인터넷과 휴대전화 등 개인화된 IT 기술을 이용해 좀 더 폭넓은 사회적 네트워크를 구축하며 배우자 선택과정에서 적극적인 행위자로 나서고 있다. 따라서 배우자 선택에서의 결정권은 과거 부모에게서 현재 결혼 당사자인 젊은이들로 옮겨갔다.

개인화된 IT 기술의 활용과 남녀관계에서의 로맨티시즘 유입은 최근 중동 이슬람 문화권에서 남자친구/여자친구 개념과 데이트의 개념을 확산시켰다. 그러나 젊은이들은 혼전 이성과의 깊은 관계에 대해서는 부정적이다. 또한 서양식 데이트를 개방적이고 퇴폐적으로 인식하며 자신들의 데이트 개념과는 차별화하고 있다. 오늘날 세계화된 다양한 방송매체를 통해 전달되는 서양의 소비주의는 중동의 젊은 무슬림들에게도 영향을 미쳤다. 일례로 오늘날 중동 젊은이들은 세계의 연인의 날로 간주되는 밸런타인데이를 적극적으로 기념한다. 또한 글로벌 방송매체를 통해 전달되는 세계화된 소비문화는 다이어트 열풍을 부추기며, 전통적인 이슬람식 패션 스타일에도 서구화의 바람을 불어넣고 있다.

배우자 선택과정은 중동 이슬람 사회에서 남성과 여성에게 달리 적용되는 명예와 수치의 개념을 보여준다. 무슬림 사회에서 자신의 명예와 평판을 지키는 방법은 기존 사회의 관습과 규범을 따르는 것이다. 이슬람 문화의 사회규범에 따라 이상적인 남성상과 여성상은 이분법적으로 인식되어왔으며 이는 남성의 적극성·능동성·책임성, 여성의 소극성·수동성·의존성으로 표출된다. 따라서 남녀관계에서 무슬림 여성들은 수동적이고 수줍어해야 정숙한 여성으로 인정받는 한편 무슬림 남성은 여성을 보호하고 경제적으로 책임지는 모습을 보여야 진정한 남성으로 인정받는다. 그러나 명예와 수치를 판단하는 기준은 처해진 상황뿐 아니라 변화하는 사람들과의 관계에 따라 항상 유동적이다. 따라서 남녀관계에서 무슬림 여성들은 이상과 달리 현실에서는 좀 더 적극적으로, 그러나 간접적인 전략을 통해 전통적인 젠더 역할에 도전하며 자신이 원하는 바를 성취하고 있다. 이슬람 사회에서 여성들이 간접적으로 기존의 이상적인 젠더 역할에 도전하는 것은 사회적으로 묵인되고 있으며 여성들은 이 점을 적극 활용해 자신이 원하는 배우잣감을 찾고 있다.

제4장

# 결혼의 협상과정과 소비문화

## 1. 들어가며

　결혼에는 개인과 개인, 집단과 집단 간 재화이동에 관한 협상이 포함되며, 그 과정에서 당사자 및 가족 간의 이해관계는 표면화된다. 중동 이슬람 문화권에서 결혼의 성사는 사랑의 결실 이상의 의미가 부여된다. 이 지역 사람들은 결혼을 알라(Allah)의 명령을 수행하며 알라가 정해준 운명을 받아들이는 신성성의 의미뿐만 아니라 인간 대 인간 사이에 발생하는 거래와 약속의 이행으로 보고 있다. 이를 반영하듯 무슬림들은 이슬람 법에 따라 결혼할 때 반드시 결혼계약서를 작성한다. 결혼계약서에 남성은 남편과 아버지로서의 권리와 의무를, 여성은 아내와 어머니로서의 권리와 의무를 각각 명시하고 있다. 결혼계약서에는 결혼과 함께 그리고 결혼과정 동안 이행해야 할 남편과 아내의 의무뿐만 아니라 결혼 시 이동되는 재화의 정확한 액수와 물품, 결혼관계의 해지, 즉 이혼 시 이행해야 할 남편의 재정적 의무 등이 언급되어 있다. 결혼계약서에 명기된 남편과 아내의 의무는 양가의 합의내용에 따라 작성되기 때문에 집안마다 다르다. 결혼에 대한 합의내용은 일반적으로 한 지역의 관습과 전통에 따라 달리 규정된다. 합의내용으로는 적게는 일상생활에서 남편과 아내, 즉 결혼계약자가 이행해야 할 권리와 의무, 남편의 부양비 지급 액수, 아내의 친정집 방문횟수, 아내가 결혼 당시 학생일 경우 결혼 후에도 교육을 마칠 수 있는 권리, 아내의 일할 권리 등을 포함하고 있다. 크게는 이혼 시 남편이 아내에게 지급해야 할 후불 혼납금의 액수, 아내의 이혼 제기권 부여 여부, 일부다처 제한에 관한 구절 등이 명시되기도 한다.

결혼식과 신혼살림을 준비하는 과정에서는 소비행태가 다양하게 이루어진다. 소비행태에 관한 이론들이 본격적으로 정의되기 시작한 것은 1980년에 이르러서이다. 소비를 경제적인 관점에서만 해석한 고전적인 이론의 틀에서 벗어나 최근 학자들은 이를 문화적인 관점에서 해석하며 다양한 이론을 제시하고 있다. 그중 맥크래켄(McCracken, 1990), 더글러스와 이셔우드(Douglas & Isherwood, 1996)는 문화가 소비 패턴을 결정하며 인간관계를 형성·유지·정의하는 중요 요소라고 주장한다. 이를 결혼문화에 비추어보면, 한 지역을 지배하는 결혼에 관한 관습과 전통은 신부 측과 신랑 측의 소비규모를 결정하며 양측의 결혼 비용 분담에 관한 지침을 제시한다.

문화가 소비행태를 결정하는 예는 이집트의 결혼 협상과정에서도 나타난다. 이집트에서는 결혼을 개인과 개인의 결합이라기보다 집안과 집안의 결합으로 본다. 따라서 전통적으로 이집트의 결혼 협상과정에서 부모의 개입은 권한으로 여겨졌고 당사자보다 양가 부모의 기대치가 젊은이들의 결혼 준비 과정에 막대한 영향을 미쳐왔다. 게다가 이집트의 부모들은 자녀의 결혼에 재정적인 원조를 하는 것을 당연한 의무로 여기기 때문에 부모는 자녀의 결혼에 적극적으로 개입한다. 부모는 자녀의 결혼을 위해 평생 동안 적금을 들거나 계와 같은 경제 조직을 구성한다. 이처럼 결혼에는 세대 간 재화의 이동이 나타난다. 또한 결혼에서는 부모와 자녀 간 윤리적 의무관계도 명백해지는데, 자녀의 결혼에 부모가 원조를 하는 것은 자녀와 부모의 관계를 공고히 한다. 부모는 노년기에 달했을 때 자녀의 보호를 기대한다.

결혼 협상과정에서 신랑과 신부 측이 일정품목에 대해 얼마만큼 비용을 부담하느냐 문제는 민감한 사안이다. 이집트의 경우 결혼 협상과정에서 양가가 서로 논의하는 주제는 신혼집 마련, 살림살이 장만, 약혼식, 신부 예물, 혼납금, 결혼식장 선택과 결혼 준비에 드는 부대비용, 피로연, 신혼여행에 대한 양쪽 집안의 비용 분담에 관한 것이다. 결혼할 때 남성 측의 비용 부담이 여성 측보다 훨씬 큰데 이는 이슬람의 관습과 전통에 따라 남성이 결혼에 드는 비용을 거의 다 부담해야 하기 때문이다. 이러한 전통은 최근 결혼 비용이 급속하게 증가하는 것 때문에 서서히 변화하여, 오늘날은 신부 측의 결혼 비용 부담도 상당히 높아지는 추세다. 그러나 여전히 신랑 측의 비용 부담이 신부 측보다 더 많은데, 일반적으로 신랑 측이 신혼집을 장만하고 결혼식 비용을 대부분 부담하는 반면 신부 측은 신혼집에 필요한 부엌살림이나 가구만을 준비하기 때문이다. 만일 합의과정 중에 불협화음이 발행하면 종종 파혼으로 이어지기도 한다.

체면을 중시하는 이집트에서는 결혼 준비과정에서 다른 사람에게 보이기 위한 소비도 행해진다. 결혼식 장소와 규모, 초대받은 사람의 수, 신부가 받는 예물의 양과 질은 이웃에게 자신이 속한 집안의 사회적 지위 및 생활수준을 간접적으로 보여주는 것이기 때문에 결혼식 규모를 결정하는 문제는 양쪽 집안에 민감한 사안으로 작용한다. 특히 신랑 측이 신부에게 선물하는 예물은 약혼식이나 결혼식 날 전후에 하객들에게 돌려 보이기 때문에 양가의 집안 형편과 체면을 타인에게 보이는 중요한 물품으로 간주된다.

이 장에서는 오늘날 이집트의 결혼 협상과정에서 관습과 전통이 결혼 결정에 어떤 영향을 미치며, 신혼집 마련 및 살림살이 장만, 결혼식장 선택과 결혼식에 드는 여러 가지 부대비용은 어떻게 결정되며, 이 과정에서 결혼 결정에 영향을 미치는 신랑·신부와 그 부모들과의 권력관계는 어떻게 형성되는지 분석한다. 또한 국내외 정치·경제 상황은 결혼협상 과정에 어떤 영향을 미치는지도 분석할 것이다.

## 2. 협상과정에서 부모의 역할

신랑과 신부가 연애를 했건 가족의 소개로 만났건 양가의 결혼을 위한 협상은 신랑 측이 신부 집을 방문하는 것으로 시작된다. 신랑이 신부 집을 처음 방문할 때 신랑은 부모와 동행하기도 하고 때로는 형제와 동행하기도 한다. 신부 집을 방문할 때 신랑은 과일이나 케이크, 초콜릿과 같은 가벼운 먹을거리를 선물로 준비한다. 신랑이 신부의 가족에 자신을 공식적으로 소개하면 양가는 스포츠, 정치, 각종 사회문제에 대한 일상적인 주제로 대화를 시작한다. 양가가 서로의 분위기에 익숙해지면 대화는 자연스럽게 신랑과 신랑 가문의 배경에 대한 구체적인 주제로 옮겨간다. 신랑에 대한 신부 측의 주요 관심거리는 신랑의 교육 정도, 직업, 미래계획, 그리고 무엇보다도 신랑이 재정적으로 결혼할 준비가 되었는지 등이다. 그러나 신랑의 공식적인 방문 자체가 신랑 측이 재정적으로 결혼할 준비가 되어 있다는 것을 암묵적으로 의미하기 때문에 일부 집안에서는 이를 간접적으로 묻기도 한다. 결혼을 위한 양가의 공식적인 만남은 신부에게도 역시 중요하다. 연애결혼인 경우 신부는 부모를 통해 자신이 직접 남자친구에게 물어보기 꺼렸던 사항인 신랑의 재정적 상황과 신랑 가문의 사회적 지위를 확인할 수 있기 때문이다. 비록 오늘날 중동의 젊은이들이 스스로 배우잣감을 찾고 부모도 자녀의 결혼 결정을 존중하는 추세이긴 하지만, 신부의 부모가 사윗감을 탐탁지 않게 생각할 경우 결혼은 성사될 수 없다. 사윗감이 신부 측 부모 마음에 들지 않을 경우 신부의 부모는 신랑에게 일부러 높은 액수의 혼납금과 예물인 샵카(shabkah), 그리고 신혼집의 구매를 요구하기도 한다. 다국적 기업에서 일하는 후무드라는 청년은 이전 여자친구의 가족으로부터 거절을 당한 경험을 다음과 같이 언급하고 있다.

> 저는 그녀를 직장에서 만났어요. 몇 번 데이트를 하니까 그녀에 호감이 가기 시작했고 일종의 책임감도 느끼기 시작했지요. 저는 우리의 관계를 공식화하고 싶어서 그녀의 가족을 방문했어요. 그러나 저는 그녀 아버지의 불합리한 마흐르, 샵카, 신혼집 장만 요구에 당황했습니다. 그녀의 아버지는 그녀가 경제적으로 좀 더 나은 사람이랑 결혼하기 원했던 것 같고 저에게 높은 액수의 마흐르와 샵카를 요구해서 저를 떼어내고 싶어 했던 것 같아요.

오늘날 많은 부모들은 결혼 비용의 증가를 젊은 세대의 소비욕구 탓으로 돌리지만 이 문제가 젊은이들 탓만은 아닌 듯하다. 부모들도 그들의 자녀가 결혼생활 초기부터 모든 것을 갖추고 시작하길 원하기 때문이다. 결국 부모와 자녀 세대의 기대치와 소비성향은 결혼 비용 상승으로 이어졌고 오늘날 이에 많은 부담을 느끼는 이집트 젊은이들은 결혼을 즐거운 일로만 생각하지 않고 있다. 높은 액수의 마흐르 책정은 오늘날 이집트에서 심각한 사회

문제를 낳고 있다. 이러한 문제를 반영하듯 신부의 아버지가 높은 마흐르의 책정을 요구하자 이에 대해 고민하던 한 젊은이는 인터넷의 이슬람 관련 웹사이트에 자신의 고민을 털어놓았다. 이슬람 법학자는 마흐르에 대한 이슬람의 견해를 이렇게 밝혔다.

> 샤리아에 따르면 마흐르에 대해 확정된 금액은 없습니다. 마흐르는 남편의 사회적 지위, 당시의 경제적 상황과 지역문화에 따라 정해져야 합니다. 샤리야에 따르면 마흐르는 너무 높게 책정되어서는 안 됩니다. 결혼할 때 다른 사람에게 보이거나 자랑하려고 마흐르를 높게 책정하는 것은 잘못입니다. 때때로 신부의 가족은 신랑과 그의 가족에게 높은 마흐르를 요구해 신랑 측에게 부담을 주고 이웃들에게 자신의 딸이 높은 액수의 마흐르를 받고 결혼을 했다고 자랑하고 싶어 합니다. 신랑 측도 높은 액수의 마흐르를 책정한 후 이를 단지 서면상의 약속이라고 주장하기도 합니다. 그러나 이 모든 것은 알라(Allah)에 대한 농락입니다(http://www.islamonline.net, retrieved Nov. 2001).

이러한 이슬람 법학자의 견해는 마흐르에 대한 이슬람 사회의 인식을 보여준다. 마흐르는 양가 가문의 수준을 간접적으로 보여주는 척도가 될 뿐만 아니라 이웃들에게 보여주는 가족의 자존심과 명예로 기능하기 때문이다. 이슬람의 결혼에서는 양쪽의 계약관계를 중시하기 때문에 만일 한쪽이 요구한 조건에 대해 동의하지 않는다면 결혼은 성립될 수 없다.

무슬림들의 결혼 결정에는 운명적인 요소도 강하게 작용한다. 이슬람에서 결혼 상대자를 '나십(nasiib)'이라고 부른다. 이는 운명이라는 뜻으로, 무슬림들은 알라(Allah)가 모든 사람에게 적당한 배우잣감을 이미 정해주었다고 믿고 있다. 운명적인 배우잣감인지 아닌지 알기 위해 일부 무슬림은 결혼 전에 일정 기간 동안 '살라 이스티카라(salah istikharah)'라는 기도를 행한다. 살라 이스티카라 기도는 선택의 순간에 알라에게 바른 선택을 간구하는 기도이다. 이 기도를 행하는 특별한 방식은 없다. 다만 기도의 끝에 "만일 이것이 나에게 의도된 것이라면 쉽게 갈 수 있게 해주세요. 만일 그렇지 않다면 제가 벗어날 수 있게 해주세요(Illahum ida kana hada al-tariq fiyhi khair li, fayasiruhu li, wa ida kana sharan fayab'aduhu 'anni)"라는 문구를 언급하기만 하면 된다. 정성스럽게 드린 살라 이스티카라 기도 후 사람들은 알라의 응답을 기다린다. 알라의 계시는 보통 꿈이나 코란 구절을 통해 보여준다고 믿고 있다. 외국인 회사에서 통역 일을 하는 30세의 라일라는 살라 이스티카라에 대한 자신의 경험을 이렇게 회상했다.

저는 대학교 3학년 때 잠시 동안 교제를 했던 약혼남이 있었어요. 그는 저희 이웃집에 살았고 제 친구의 생일파티 때 그를 처음 만났지요. 비록 양가의 합의하에 약혼식은 치렀으나 저는 그 남자에 대한 확신이 없었어요. 그래서 며칠 동안 살라 이스티카라 기도를 행했지요. 그 기도를 행하는 동안 저는 꿈을 통해 알라로부터 세 번의 응답을 받았어요. 첫 번째 꿈은 약혼남이 준 다이아몬드 반지가 손가락에서 빠져 산산이 부서지는 꿈이었고, 두 번째 꿈은 그가 준 시계의 끈이 떨어져 바닥에 떨어지는 꿈이었고, 세 번째 꿈은 제가 시장에서 산 아주 큰 생선이 광주리에 담자마자 썩어버리는 꿈이었지요. 어쨌든 저는 그와는 별로 맞지 않다는 걸 후에 알게 되었고 약혼식은 취소되었지요. 그는 너무 보수적이어서 제가 학교에서 남자 동료들과 이야기하는 것조차 용납하지 않았어요.

결혼에 대한 자신의 운명을 확인하기 위해 혹자는 커피 점과 같은 미신에 의지하기도 한다. 이슬람 지역에서 커피 점은 반이슬람적인 것으로 간주되기도 하지만 무슬림들은 종종 아랍 커피를 다 마시고 난 뒤 생기는 침전물의 무늬를 보고 하루의 운세나 운명을 점친다. 커피 점을 치는 방법은 간단하다. 커피를 다 마시고 난 후 잔을 뒤집으면 밑에 있던 침전물은 서서히 흘러내린다. 잠시 후 커피 잔 안쪽의 물기가 다 건조될 때까지 기다렸다가 다시 잔을 뒤집어 생긴 무늬를 읽는 것이다. 중동 사람들은 커피 잔 안쪽에 생긴 무늬가 커피를 마신 사람의 운명과 심리상태를 반영한다고 믿고 있다.

자녀의 배우잣감에 대해 양가의 부모가 만족할 경우 양가는 즉석에서 코란의 첫 장인 개경(開經) 장을 함께 읽는 의식을 거행한다. 개경 장을 함께 읽음으로써 양가는 결혼에 대한 서로의 합의의사를 밝힐 뿐만 아니라 결혼절차에 대한 첫발을 함께 내딛는다는 것을 이웃에게 공표한다. 개경 장을 읽는 의식이 끝나면 양가는 좀 더 자유롭게 서로의 가족을 집으로 초대해 식사를 같이한다. 아랍인들은 손님을 집으로 초대하는 것을 상대에 대한 최고의 예로 간주하고 있다.

결혼식 전까지 양가는 결혼에 대한 구체적인 사항을 협상을 통해 결정한다. 협상과정에서 양가가 의논하는 내용은 마흐르의 액수, 혼수와 예물의 종류, 신혼집 구입과 인테리어 선택에 대한 것들이다. 무슬림의 전통에 따라 신랑과 신부의 아버지가 협상을 통해 결혼에 대한 모든 결정을 하며 집안의 공식적인 입장도 상대에게 표명한다. 신부의 아버지가 사망했을 경우 신부의 오빠나 삼촌이 신부 집안을 대표해 결혼협상에 참여하기도 한다.

## 3. 결혼협상, 젠더와 권력관계

결혼을 위한 협상은 지역의 관습과 전통, 개인이 속한 계층에 따라, 그리고 가족의 분위기에 따라 다르다. 그러나 일반적으로 결혼에 대한 구체적인 사안을 정할 때 신부와 신부 어머니를 포함한 집안의 여성들은 실질적인 협상 자리에서 배제된다. 신부의 가족을 대표하는 아버지가 공식적으로 가족의 입장을 대변하며 신랑과 모든 협상을 맺기 때문이다. 1960년대에 결혼한 이집트 여성은 자신의 결혼협상 과정을 회상하며 다음과 같이 말했다. "당시 남편이 아버지와 결혼에 대한 구체적인 이야기를 했지요. 여성은 결혼에 대한 이야기가 오갈 때 그 자리에 남지 않아요. 그것은 남자들이 정하는 남자들 일이에요. 그러나 아버지는 사전에 저의 어머니랑 상의는 했었지요." 오늘날도 결혼계약에 대한 협상과정은 이런 전통을 따르고 있다. 이를 반영하듯 2001년에 결혼한 라일라는 자신의 경험을 이렇게 회상했다.

결혼에 대한 협상은 신랑과 신부 아버지를 포함한 남자들 사이에서 일어나지요. 신랑이 신부 집을 방문했을 때 결혼계약에 대한 이야기가 나오기 시작하면 신부는 일반적으로 자기 의견을 말하지 않아요. 당황스러움을 피하기 위해 그냥 조용히 방을 나오지요. 신부가 자리를 뜨면 본격적인 협상에 들어갑니다. 결혼협상은 남자들의 공간에서만 이루어져요. 어찌 보면 남자들 사이에서 행해지는 거래 같아요.

결혼협상에 대한 라일라의 회상은 이슬람 사회에서 성에 따른 공간의 분리와 권력 행사에 대한 이분법적 차별을 보여주는 듯하다. 중동 이슬람 가부장적 사회에서 남성은 공적(public) · 의례적(formal) · 권력적인 (empowered) 영역에 배치되는 반면, 여성은 사적(private) · 비의례적 (informal) · 비권력적인(powerless) 영역에 배치되는 것처럼 보인다. 이슬람 사회에서 사적 영역에 배치된 여성은 결혼협상에서 자신의 의견을 관철시킬 수는 없는 것일까? 과연 성에 따라 위계질서가 구성되는 것인가?

이에 대한 답을 제시하기 위해 포스트모더니즘의 틀에서 권력의 개념을 재해석한 미셸 푸코(Michael Foucault)의 권력이론은 아주 유용하다. 비록 푸코가 권력이론을 설명할 때 젠더 문제를 취급하지 않았기 때문에 페미니스트들에게 비판을 받기는 하지만 그의 이론은 모더니즘의 이분법적 관점에서 해석되던 전통적인 권력이론을 해체했다는 면에서 큰 의의가 있다. 푸코는 모더니즘의 거시적인 관점에서 이해되어왔던 권력의 개념을 해체해 미시적인 관점에서 분석했다. 다시 말해 푸코는 정책 결정자가 행사하는 공식적인 권력의 개념을 해체해 일반인들이 비공식적인 일상생활에서 행사하는 권력관계에 관심을 두었으며 권력을 사람들 간의 영향력 행사로 정의했다. 그에 따르면 권력은 "개인, 집단, 계층의 강화되고 단일화된, 타인을 지배하는 현상으로 간주되어서는 안 되며…… 권력은 순환하며 사슬의 형태로 기능하기 때문에 어느 한 곳에 집중되지 않고 또 누구의 손에 머물지도 않는다……. 권력은 그물망 같은 조직을 통해 행사된다……. 개인도 권력의 행사자이다"*(MacLeod, 1991: 20에서 재인용)라고 언급한 바 있다. 다시 말해 푸코는 강압적이고 제압적이며 하향식 구조를 갖춘 전통적인 권력의 의미를 재해석했다.

........................

\* Foucault, Michael, *Power/Knowledge*(New York: Pantheon, 1980), p. 98.

푸코의 권력이론을 중동 이슬람 사회의 젠더 관계에 적용한다면 권력은 어떻게 이해되어야 하는가? 1970년대까지만 해도 사적 영역의 존재로 인식되었던 중동 무슬림 여성은 무능하고 나약하게 묘사되어왔다. 그 이유에 대해 히잡(Hijab, 1988)은 중동 여성의 권력 소유 여부는 참정권을 통한 여성의 공식적인 정치참여, 가족법에서 여성의 권리와 지위, 여성의 교육과 유급 노동이라는 서구적 잣대에 의해서만 논의되어왔기 때문이라고 분석한다. 그러나 권력을 넬슨(Nelson, 1974)의 주장대로 남성에 의해 여성에게 일방적으로 강제되는 힘으로 보기보다 일상생활에서 남성과 여성이 지속적인 협상과정을 통해 행사하는 '영향력의 상호작용(reciprocity of influences)'으로 본다면 권력은 일상생활에서 협상을 통해 행사되는 힘으로 해석될 수 있으며, 결국 여성 또한 권력의 적극적인 행사자가 될 수 있다. 이러한 맥락에서 현재까지 진행되어온 연구는 중동 이슬람 문화권의 여성도 일상생활에서 권력의 행사자라는 점을 부각시키고 있다. 예컨대 하림 바라카트(Halim Barakat)는 "비록 이 지역의 문화적인 가치는 남성인 아버지에게 가족에 대한 모든 권한이 부여되어왔으나 가정에서 아이들을 지배하는 실질적인 권력의 행사자는 어머니이다"(1985: 31~32)라고 주장한 바 있다. 가정에서 아이들을 양육하며 길들이는 여성은 아이들에게 영향력을 행사하며, 여성들은 또한 아이들을 통해 가부장인 남성에게 권력을 행사할 수 있기 때문이다. 젠더 관계에서도 여성들은 그들의 비공식적인 권력을 이용해 남성들의 권위에 저항하며 도전한다. 여성들은 소문이나 험담을 만들어 남성들의 명예에 흠집을 내기도 하고, 사랑하는 사람과 몰래 도망쳐 부모의 권위에 도전하기도 하며, 남편과 갈등이 있을 때 친정집으로 돌아와 일시적인 별거를 하거나 중재자를 통해 남편의 사과를 얻어내기도 한다. 따라서 비록 공적인 결혼 협상과정에서 여성의 존재는 보이지 않을지라도 여성이 행사하는 영향력은 상당하다. 오히려 신부의 어머니는 결혼협상 과정에서 가장 중요한 역할을 수행하는데 여성들은 사교모임을 통해 이웃과 친척집의 마흐르 책정 기준과 결혼에 대한 각종 정보를 수집하고 이를 결정하는 과정에 깊이 개입한다. 반면 아버지는 가족을 대표하는 역할만을 수행할 뿐이다. 이를 반영하듯 결혼을 앞둔 하미드는 "여기 이집트에서 신부의 어머니는 자녀의 결혼 결정에 많은 영향을 미칩니다. 아버지는 어머니와 결혼에 대한 모든 것을 상의하는데 어머니가 이런 일에 더 많은 정보와 경험이 있기 때문이지요. 일반적으로 아버지는 단순히 가족의 의견을 대변합니다"라고 언급했다. 어머니의 역할은 적당한 배우잣감을 테스트할 때도 중요하다. 연애혼이 점점 증가하는 중동 이슬람 문화권에서 자녀들이 선택한 배우잣감은 일반적으로 아버지보다 어머니가 먼저 본다. 어머니는 비공식적인 만남을 통해 아들이 선택한 배우잣감의 품성을 미리 파악해 아버지에게 알려준다.

결론적으로 결혼협상에서 여성의 배경적인 역할이 중동 이슬람 문화권의 소극적이고 힘없는 여성의 지위를 반영한다고는 볼 수는 없다. 오히려 이 문화권에서는 젠더에 따라 명확히 구분되는 역할 분담이 있을 뿐이다. 여성은 남성에 의해 결혼에 대한 결정이 공식화되기 이전 자녀들의 선택을 도울 수 있도록 정보를 수집하고 이를 검증하는 중요한 역할을 한다. 반면 남성은 여성에 의해 수집된 정보에 의존하며 집안을 대표해 결정을 내린다. 이처럼 이슬람 문화권에서 남성과 여성의 권력관계는 상황적이며 유동적이라할 수 있다. 다시 말해 비록 사적 공간에 배치되긴 하지만 이것이 곧 중동 여성이 권력도 없고 영향력도 없는 소극적인 존재는 아니라는 것이다.

## 4. 결혼계약서 작성과 계약서의 사회적 의미

중동 이슬람 지역에서 행해지는 결혼 관습을 연구한 안툰(Antoun)은 이슬람의 결혼을 부부간의 성스러운 결합이라고 보기보다 신랑과 신부의 법적 후견인 사이에 발생하는 계약이라고 보았다(1972: 123). 이를 반영하듯 부부간의 결혼관계는 일정한 형식에 의해 만들어진 계약서에 의해 규정되고, 결혼계약서에는 이슬람 가족법에서 규정한 아내와 남편으로서의 의무와 권리가 각각 명시되어 있다. 결혼계약서에 가장 중요한 비중을 차지하는 것이 바로 마흐르에 대한 양가의 계약이다. 마흐르는 보통 선납금과 후납금으로 나뉘는데, 선납금의 경우는 결혼 전 계약서 작성과 동시에, 후납금인 경우에는 결혼의 해체, 즉 이혼 시나 남편 사망 시 부인에게 주어진다. 마흐르의 액수를 책정하는 방법은 한 지역의 관습과 전통, 계층에 따라 다르다. 튀니지와 터키와 같은 나라에서는 상징적인 소액이 책정되는 반면 이집트나 걸프 지역에서는 실질적으로 많은 액수가 책정된다. 그리고 상류층일수록 신부에게 고액의 마흐르를 책정한다.

마흐르를 고액으로 책정하는 지역에서는 점점 높아져 가는 마흐르의 액수와 그로 인해 혼인 적령기를 놓친 노처녀, 노총각 문제가 심각한 사회문제로 대두되고 있다. 신부나 그 가족들이 고액의 마흐르를 요구하는 이유는 다양하다. 우선 마흐르는 신부와 그 집안의 체면과 직접적으로 관련된다. 사람들은 마흐르가 신부의 가치를 반영한다고 생각한다. 즉, 고액의 마흐르를 받을수록 신부의 가치는 높게 평가된다고 믿고 있다. 따라서 고액의 마흐르를 받은 신부 집안은 그 액수를 쉽게 공개하지만 그렇지 않은 신부 집안은 이를 밝히는 것을 꺼리는 경향이 있다. 이웃에 보이는 체면 이외에도 마흐르 액수가 점점 상승하는 가장 큰 이유는 남편의 일방적인 선언에 의해 비교적 쉽게 이혼이 성사되는 이슬람 사회의 관습 때문이다. 이슬람 문화권에서 이혼은 남편이 아내에게 내뱉는 세 번의 이혼 선언으로 성립된다. 따라서 신부의 가족은 혹시 발생할지 모르는 이혼에 대한 안전장치를 미리 마련하길 원한다. 이혼을 방지하는 안전장치는 바로 마흐르의 액수를 높게 책정하는 것이다. 사람들은 이혼 시 남편이 아내에게 납부해야 할 후불 혼납금을 높게 책정함으로써 남편은 아내에게 쉽게 이혼 선언을 하지 못할 것이라고 생각한다.

마흐르 액수 책정에 결정적인 영향을 미치는 것은 전통과 관습뿐만은 아니다. 세계경제 또한 마흐르의 액수 책정과 결혼 성립의 변수로 작용한다. 이러한 현상은 국가 수입의 대부분을 관광업에 의지하는 이집트에서 더욱 현저히 나타난다. 이집트에서는 9·11 사태 이후 관광객의 발길이 뜸해졌다. 따라서 당시 관광 관련 업종인 항공, 호텔 등 서비스 분야에 종사하는 많은 젊은이들은 자금난으로 결혼을 1년이나 2년 정도 미루어야 했다.

마흐르에 대한 내용을 결혼계약서에 언급하는 전통에 대해 무슬림들조차 통일된 입장을 보이지 않고 있다. 이는 긍정적인 시각과 부정적인 시각으로 요약된다. 우선 이를 옹호하는 사람들은 만일 마흐르가 없다면 남편이 사망하거나 이혼을 요구할 때 여성들은 경제적으로 의지할 곳이 없기 때문에 이는 반드시 지켜져야 한다고 주장한다. 즉 이들은 마흐르의 액수를 계약서에 써 넣는 것을 일종의 보험으로 본다. 또한 마흐르 옹호론자들은 마흐르 액수뿐만 아니라 결혼 전 양가의 협상 내용을 결혼계약서에 명시하는 것은 양가의 불협화음을 최소화한다는 면에서 바람직하다고 생각한다. 알-까시르(Al-Kassir)는 양가가 결혼 전 금전적인 책임을 미리 해결하고 부부의 의무와 권리, 역할을 규정하고 결혼계약을 맺기 때문에 결혼 후 양가의 이해관계로 빚어질 논쟁을 최소화하며 가족 간의 화합과 조화를 증진시킨다고 주장하고 있다(1991: 42). 그러나 계약서 작성에 대한 부정적인 입장을 취하는 사람들은 결혼계약서를 차가운 계산서라고 비난하고 있다. 결혼 전에 협상을 통해 결혼생활의 부정적인 측면까지 고려해야 하기 때문이다(El-Kholy, 2000: 324). 이들은 결혼은 거래의 결과 발생하는 물질적인 결합이 아닌 커플 간의 신성한 결합이라고 주장한다.

결혼계약서의 형식은 다음과 같다. 계약서의 가장 윗부분은 정부에서 부여한 등록번호, 등록년도와 일자와 시간, 결혼 등록인인 마우준(maudhun)의 이름과 법원 이름이 적혀 있다. 이어 신랑의 신상정보가 기록되는데, 일반적으로 결혼 당시 신랑의 결혼상태*와 정신의 건강상태가 언급되어 있다. 이는 "신랑은 아내가 없고 성숙하며 이성적인 사람이다"라는 문구로 표현되는데, 신랑이 결혼상대로 만족스럽다는 것을 의미한다. 그다음 줄에는 신랑의 법적·사회적 지위가 언급되는데 여기에 기재되는 사항은 신랑의 직업, 국적, 생년월일과 장소, 거주지, 신분증 번호와 발행 연도와 장소, 어머니의 이름 등이다. 어머니의 이름이 따로 언급되는 것은 아랍 지역에 동명이인이 많기 때문이다. 그다음 줄에는 신부의 신상정보가 기재되는데 그 형식은 신랑의 것과 동일하다. 특이한 점은 신부가 처녀인지 아닌지 초혼인지 재혼인지 결혼 당시 신부의 신체적 상황과 조건이 반드시 언급되어야 한다는 것이다. 그다음 줄은 선납과 후납 마흐르의 액수가 기재된다. 일부 가족은

------

\* 이슬람 문화권에서는 일부다처제가 허용되기 때문에 결혼계약서에 신랑이 초혼인지 중혼인지 언급해야 한다.

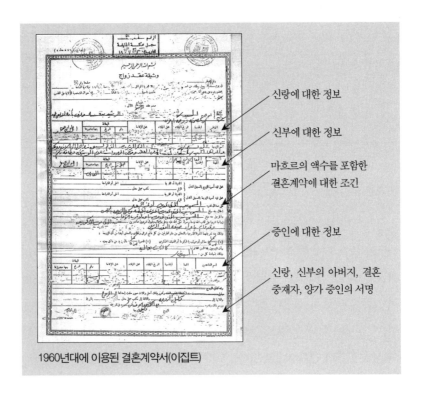

신랑에 대한 정보

신부에 대한 정보

마흐르의 액수를 포함한
결혼계약에 대한 조건

증인에 대한 정보

신랑, 신부의 아버지, 결혼
중재자, 양가 증인의 서명

1960년대에 이용된 결혼계약서(이집트)

양가 협의 후 마흐르의 액수를 적지 않거나 줄여서 신고하는 경우도 종종
있다. 그 이유는 정부가 마흐르에 부과하는 세금을 내지 않기 위해서이다.

결혼의 적법성을 확인하는 문구는 그다음 줄에 다음과 같은 형태로 언급
된다. "이 결혼은 코란과 하디스에 따라 양가의 청혼과 응답에 의해 이루어
진 법적으로 타당한 결혼이다. 신랑과 신부는 서로를 알고 있으며 법적으로
혼인관계에 장애가 되는 요소는 없다. 신랑과 신부는 법적인 혼인 연령기에
달한 성인이다."* 마지막으로 결혼 사실을 확인하는 증인의 신상정보가 기

* 이집트에서 법적인 혼인연령은 남성의 경우 18세, 여성의 경우는 16세이다.

재되는데, 여기에 언급되는 사항은 양가를 대표하는 증인의 이름, 그들의 직업, 국적, 생년월일과 장소, 거주지, 신분증 번호와 발행 연도와 장소가 포함된다. 결혼계약서는 총 세 장이 작성된다. 한 장은 신랑 측이 보관하고 다른한 장은 신부 측이 보관한다. 신부의 결혼계약서는 보통 신부의 아버지가보관한다. 그리고 마지막 한 장은 마우준이 정부에 결혼 사실을 등록하기위해 보관한다. 결혼계약서의 하단에는 두 증인, 신랑, 신부의 보호자, 그리고 마우준의 서명이 들어간다.

이 결혼계약서 형식은 2000년 8월 새로운 형식의 계약서가 나오기 전까지사용되었다. 오늘날 사용되는 결혼계약서에는 신부와 신랑의 사진과 지문이 새롭게 추가되었는데 이는 위장결혼을 막기 위한 방법이다. 게다가 새로운 계약서에는 평등한 결혼생활을 위한 몇 가지 조건이 더 삽입되었다. 그내용에는 신혼집과 가구에 대한 소유와 이혼 시 재산의 귀속사항, 부인의동의하에 이루어진 이혼이 아닌 경우 여성의 권리인 마흐르 외 남편의 부양금 지급 책정, 결혼 후 부인의 교육권과 노동권, 이동의 자유, 남편의 중복혼인 시 현 부인에게 행해야 하는 고지의 의무, 쿨루(khul'u)라고 불리는 여성의 이혼 제기권 등이 포함된다. 특히 마지막 조항인 쿨루 법이 2000년 8월도입되었을 때 이집트에서는 사회적으로 큰 반향이 일어났다. 이는 남편의일방적인 선언으로 이혼이 가능했던 이슬람 사회의 관습에 도전하는 새로운 법으로 인식되었기 때문이다. 따라서 쿨루 법에 대한 남성들의 반응은여성들보다 더욱 민감했다. 이집트 남성들은 쿨루 법이 도입되었을 때 이집트에서는 이혼이 남발하게 될 것이라고 염려했다. 그러나 예상과 달리 쿨루법에 의존한 이혼의 사례는 그리 많지 않았다. 쿨루 법에 의존해 남편에게이혼을 제기한 아내는 남편에 의해 성립되는 이혼의 경우와 달리 자신의 재정적 권리를 보호받을 수 없기 때문이다. 쿨루 법에 기초한 이혼의 경우 여성은 남성에게 자신의 후불 혼납금인 마흐르 무와카르를 받을 수 없으며 부양비도 받을 수 없다. 결혼 시 남편으로부터 제공받았던 재산도 모두 돌려주어야 한다. 다시 말해 쿨루 법에 따라 이혼을 제기한 여성은 이슬람 법에 의해 보장된 여성의 재정적 권리를 전혀 보장받을 수 없다. 따라서 이 법은 혼납금이 없어도 재정적으로 타격을 입지 않는 상류계층 여성들만을 위한 법으로 간주되고 있다.

새로운 결혼계약서에서 또 하나 주지할 만한 사항은 이슬람 법과 관습에 위배되지 않는 범주 내에서 양가는 추가적인 협상내용을 결혼계약서의 하단에 마련된 빈 공간에 자유롭게 기재할 수 있다는 것이다. 추가적인 협상내용을 결혼계약서에 기재하는 데에는 반드시 결혼 등록인인 마우준의 동의가 따라야 한다. 그러나 결혼의 협상 사항을 자유롭게 기재할 수 있음에도 불구하고 신혼부부들은 대부분 협상의 결과 정해진 다른 사항을 추가로 넣지 않고 있다. 그 이유는——특히 신부의 경우——상대방에게 요구하는 이미지로 보이거나 결혼의 계산적인 측면이 부각되는 데 부담을 느끼기 때문이다.

## 5. 약혼식

신랑 측과 신부 측이 상대방이 제시한 결혼의 조건에 모두 동의하면 양가는 쿠투바(khutubah)라 불리는 약혼식을 갖는다. 약혼식은 '탈비스 디블라(talbis dibla)'라고 불리기도 하는데, 이는 아랍어로 '반지를 끼다'라는 의미이다. 전통적으로 약혼식은 신부의 집에서 거행되었으며 신부 측이 웨딩드레스, 하객들 음식 대접을 포함한 모든 비용을 부담한다. 그러나 오늘날 약혼식은 호텔, 군인회관, 클럽 등 다양한 장소에서 행해진다. 약혼 파티는 결혼 파티와 별 차이는 없다. 단지 두 예식의 다른 점은 신부가 흰색 드레스 대신 분홍색 드레스를 입고, 결혼식에서 신랑과 신부의 행진을 돕는 남성 악대그룹인 자파(zaffah)의 행렬이 없다는 것이다. 오늘날 점점 높아져 가는 결혼 비용 때문에 일부 가족은 약혼식의 규모를 줄이거나 아예 약혼식을 하지 않는 경우도 있다. 약혼식에서 절약한 돈으로 좀 더 화려한 결혼식을 열기 위해서이다. 전통적으로 결혼식 비용은 신랑이 부담하지만 약혼식이 생략된 경우 결혼식 비용은 신랑과 신부 측이 공동으로 부담한다. 약혼식 기간이 중요한 이유는 약혼식과 결혼식 준비 기간 동안 신랑과 신부는 같이 살 신혼집을 꾸미고 양가에 좀 더 친해질 기회를 가짐과 동시에 양가의 분위기에 적응할 시간을 만들 수 있기 때문이다. 그러나 만일 어느 한쪽이 다른 쪽에 만족하지 못하면 결혼은 취소될 수 있다.

이유가 무엇이든 간에 만일 신부 쪽에서 결혼을 취소한다면 신부는 그동안 신랑으로부터 받은 예물과 모든 선물을 신랑 측에 되돌려주어야 한다. 반대로 신랑이 결혼을 취소하게 되면 신부는 신랑 측으로부터 제공받은 모든 물건을 그대로 보관할 수 있다. 이에 대한 양가의 합의가 이루어지지 않을 때 종종 법정 공방으로까지 이어지는 경우도 있다. 약혼 후 결혼을 취소하는 것은 선호되지 않지만 커플 사이에 실질적인 부부관계는 없었으므로 신부는 처녀성과 관련된 오명에서 자유롭다. 비록 오늘날 많은 젊은이들이 결혼 전 상대방을 탐색하기 위해 데이트 기간을 갖길 선호하지만 실질적으로 이들은 혼전에는 신체적 접촉을 가급적 피하고 있다. 젊은이들은 결혼 전 신체적 접촉을 하지 않는 것이 상대방과 자신에 대한 존중이라고 여긴다.

## 6. 사촌혼과 건강검진

중동 이슬람 문화권에서는 사촌혼을 선호해왔다. 사촌혼이란 부계나 모계의 형제나 자매의 자녀들과 맺어지는 결혼을 일컫는다. 이 지역에서 가장 선호되는 배우잣감은 부계 사촌으로, 일부 지역에서는 부계 사촌이 자신의 사촌과 결혼에 대한 의사가 없을 경우에만 다른 집안의 남성과 결혼할 수 있나. 아이가 태어나면 부모들은 어려서부터 서로의 아이를 짝지어준다. 이 지역 사람들이 사촌혼을 선호하는 이유는 결혼은 가족과 가족의 만남이라는 인식 때문이다. 이들은 가족의 환경과 배경을 잘 아는 사촌 간의 결합이 결혼생활에서 안정과 조화를 보장해줄 수 있다고 생각한다. 일반적으로 사촌혼일 경우 마흐르의 액수는 낮은 편이다.

중동 지역에서 장애아 출산 확률이 타 지역에 비해 훨씬 높은 것도 사촌혼 때문이라고 알려져 있다. 사촌끼리의 결혼은 유전적으로 열성아를 잉태하게 만들기 때문이다. 이를 막기 위해 오늘날 이집트에서는 국가 차원에서 혼전 건강검진을 받기를 권고하며, 장애아 출산 확률을 미리 검사해주는 클리닉도 운영하고 있다. 2001년에 혼전 신랑과 신부의 유전병이나 만성병을 미리 체크해주는 병원이 문을 연 바 있다. 이 병원에서는 남성의 경우 정자 검사를, 여성의 경우 자궁 검사를 통해 2세에 유전될지도 모를 가족력을 면밀히 검사해준다. 검사결과에 따라 결혼을 하지 않도록 권유되는 경우도 가끔 있다. 그러나 오늘날 일부 젊은이들은 의학적인 이유 이외에도 사촌혼에 대한 부정적인 반응을 보이고 있다. 그 이유는 첫째로 어렸을 때부터 항상 같이 커온 상대에 대해 이성으로서 호감을 느끼지 못한다는 것과, 둘째로 부부간에 갈등이 있을 경우 갈등은 부부의 차원을 넘어 가족 전체의 문제로

번질 가능성이 크기 때문이다.

## 7. 혼수와 예물

우리나라 젊은이들만 결혼할 때 혼수와 집 장만에 관한 문제로 갈등을 빚는 것은 아니다. 이는 중동의 무슬림들도 마찬가지다. 그러나 특이한 점은 사소한 물건 하나를 준비하더라도 모든 것은 양가의 협상하에 이루어진다는 것이다. 협상내용은 결혼계약서에 기입되며 구체적인 사안은 아이마(ayma)라고 불리는 목록 표에 일일이 기록된다. 아이마는 신혼집에 구비된 모든 물품의 목록으로, 여기에는 신부가 결혼할 때 장만한 가구와 물품, 신랑이 장만한 물품, 그리고 양쪽이 선물로 받은 물품이 상세히 기입된다. 품목 옆에는 물건의 가격과 재질, 브랜드명이 조목조목 기입되고 아이마 목록 표의 하단에는 총액이 기입된다. 결혼 후에도 부부는 자신이 결혼 전 준비한 물건에 대한 소유권을 각자 보유하고 있다. 신부가 신랑에게서 받은 예물도 아이마에 포함된다. 아이마는 양가의 합의하에 결혼 전 미리 작성되며 결혼 등록일인 카틉 알-키탑(katb al-kitab) 당일이나 그전에 양가는 목록을 확인하며 거기에 서명을 한다. 두 명의 증인이 보증인으로서 이것을 지켜봐야 하며 아내는 이혼이나 남편이 사망할 때 자신의 소유로 된 물건의 권리를 주장할 수 있다(El-Kholy, 2000: 308~309). 아이마는 법적으로 보장된 여성의 권리이기 때문에 이처럼 구체적이고 꼭 필요한 절차로 간주된다. 여성들은 아이마 작성을 통해 결혼생활에 대한 불안감에서 벗어날 수 있다. 최근 결혼한 달리아는 아이마에 대한 자신의 생각을 이렇게 말했다.

이것은 여성의 미래를 위한 보험이에요. 미국에서는 이혼 시에 여성이 남성에게 위자료를 받을 수 있지만 이집트에는 그런 법이 없어요. 그래서 여성들은 재정적 안전을 위해 아이마를 작성하는 것이지요. 후불 혼납금도 마찬가지예요. 만일 남성이 이혼을 선언한다면 여성은 아이마를 가지고 그 집에 있는 물건에 대한 소유권을 주장할 수 있거든요.

이집트의 많은 여성들이 아이마 작성의 중요성을 인식하고 있기는 하지만 일부는 아이마와 후불 혼납금 작성에 대해 회의적이다. 이들은 아이마와 후불 혼납금의 작성은 서로에 대한 불신의 결과라고 보고 있다. 이에 대해 21세의 카이로 대학 출신의 한 여성은 "왜 그게 필요해요? 그건 마치 결혼생활을 시작하기 전부터 결혼생활이 이혼으로 끝나 불행해질 것이라는 암시와도 같아요"라고 언급하며 아이마 작성에 대해 부정적인 견해를 드러냈다. 최근 딸을 결혼시킨 아부 파티마 역시 아이마 작성에 대한 부정적인 견해를 다음과 같이 나타냈다.

제가 결혼할 당시에도 아이마를 작성하지 않았고 제 딸과 아들이 결혼할 때도 이를 작성하지 않았어요. 사람들은 상대에 대한 의심과 염려로 아이마를 작성하지요. 제가 제 딸을 무함마드(그의 사위)에게 주었는데 무슨 대가를 요구하겠습니까! 이혼을 위한 돈을 협상하는 게 무슨 이익입니까? 저는 알라(Allah)가 제 딸에게 이혼을 허락하지 않을 거라 믿고 있어요.

이 언급처럼 아이마는 결혼에 대한 계산적인 측면을 강조한다는 이유로 결혼의 신성한 의미를 퇴색시킬 수도 있다. 그러나 다른 한편으로는 아이마 작성이 오늘날 이집트에서 이혼율 증가와 이로 인한 결혼에 대한 회의감과 결혼 상대에 대한 불신을 반영한다고 볼 수 있다.

결혼에서 마흐르만큼 중요하게 간주되는 것이 예물이다. 예물은 이집트에서 샵카(shabkah)라고 불린다. 샵카는 결혼 전에 신랑 측이 신부 측에 전해주는 보석 세트로, 신부는 약혼식과 결혼식 때 신랑에게 받은 예물로 치장을 한다. 일부는 자신이 받은 예물을 약혼식 때 전시하는 경우도 있다. 따라서 어떤 예물을 받았느냐에 사람들은 상당히 민감해지고 때로는 경쟁심도 느낀다.

예물의 양과 질은 결혼하는 집안의 경제적 수준과 시대에 따라 상당히 다양하다. 1960년대와 1970년대에 결혼한 부모 세대들은 금으로 된 보석 세트를 받았다면 지금은 금으로 된 보석 세트와 더불어 다이아몬드 반지나 진주 세트를 받는 것이 유행이다. 일반적으로 신랑의 가족이 제시한 액수 내에서 신부와 신랑 또는 신부와 신부의 어머니는 보석가게에서 샵카를 구입한다. 샵카는 오늘날 결혼의 가장 큰 문젯거리로 대두되고 있다. 양가의 협상 아래 정해지는 마흐르와 아이마와는 달리 샵카는 신랑 측이 신부 측에 표시하는 일종의 성의 표시로 간주되고, 따라서 협상이 아닌 기대감이 샵카의 양과 질에 대한 양가의 입장을 정하기 때문이다. 샵카에 대한 양가의 기대치가 서로 다를 때 직장을 다니는 여성들은 그동안 자신이 쌓아둔 경제력을 바탕으로 자신의 가족과 신랑 가족의 입장 차를 조율하기도 한다. 최근 결혼한 29세의 아말은 자신의 경험에 대해 이렇게 말했다.

저희가 서로의 가족에 소개되었을 때 저의 가족은 그를 좋아했고 그의 가족도 저를 좋아했어요. 그래서 양측의 결혼협상과 준비는 순조롭게 진행되었어요.

부모님들은 모든 조건에 동의하셨지요. 그런데 샵카 문제가 양측에 민감한 문제로 등장했어요. 저의 어머니는 그의 가족이 제안한 가격에 상당히 마음 상해하셨어요. 좀 더 많이 기대하셨기 때문이지요. 그래서 저는 제가 모아둔 돈을 몰래 더해서 양쪽의 의견차를 조율했어요.

아말의 말이 암시하듯 졸업 후 취업으로 경제력을 갖춘 여성들은 자신의 결혼협상 과정에서 양측의 의견차를 조율하기 위해 비록 표면적으로 드러나지는 않지만 적극적으로 중개자의 역할을 수행하고 있다. 다시 말해 오늘날 이집트 여성들은 과거처럼 자신의 결혼 문제에 대해 수동적으로 대처하며 침묵을 지키기보다 적극적으로 전략을 세우며 자신이 선택한 배우잣감과의 결혼 성사를 위해 최선을 다하고 있다.

## 8. 신혼집 마련 과정에 나타난 무슬림의 소비문화

약혼식을 통해 신랑과 신부의 결혼이 공식화되면 커플은 신혼집을 꾸미기 시작한다. 신혼집으로는 일반적으로 아파트가 선호된다. 신랑이 집을 소유하지 않은 경우 커플은 자신의 경제력이 허용하는 범위 내에서 집을 물색한다. 집을 구입할 재정적 여유가 없을 경우 신랑은 이를 임대한다. 오늘날 신혼집을 준비하는 과정은 부모 세대와 사뭇 다르다. 부모 세대는 집을 소유하기보다 주로 임대에 의존했다. 그러나 오늘날 많은 젊은이들은 집을 소유하기 원하는데, 그것은 집과 차에 대한 소비가 미래를 위한 가장 안전한 투자라고 믿기 때문이다. 집을 구입하는 것 이외에도 카펫, 가전제품, 집안 내부의 페인트 칠 등이 신랑의 몫이다. 반면 신부는 신혼집의 인테리어와

주방, 거실 인테리어(이집트)

가구를 준비한다. 신부가 신혼집의 내부 장식과 가구를 책임지는 이유는 집이 여성의 공간으로 간주되어온 전통 때문이다. 그러나 오늘날 많은 젊은이들은 상의하에 자신들의 취향에 맞게 집을 꾸미고 있다.

신혼집을 꾸미는 비용은 점점 증가하는 추세이다. 이는 현대화되고 세계화된 소비문화에 대한 신세대들의 기대감 때문이다. 인터넷과 위성방송을 통해 세계의 소비문화를 접하는 신세대들에게 신혼생활의 필수품은 과거와는 다르다. 과거 1970년대 신혼부부가 임대한 집에 옷장, 침대, 간단한 부엌용품 등을 혼수용품으로 마련했다면 오늘날 신세대들의 신혼 필수품은 본인 소유의 집에 수입 차, 냉장고, 세탁기, 식기세척기, TV와 비디오, 킹사이즈 침대, 소파, 테이블, 식탁, 그릇 세트 몇 개 등이 포함된다.

신혼집을 꾸미는 데 소비가 더 늘어나는 이유는 현대화·서구화·세계화된 다양한 광고 매체가 중·상류층 젊은이의 소비욕구를 자극하기 때문이다. 게다가 저소득층 젊은이들은 자신보다 상위계층 사람들의 취향과 생활방식을 모방한 소비 패턴을 통해 사회계층의 이동을 시도하고 있다. 젊은이들은 현대화되고 세계화된 소비행태가 자신들의 세련된 정체성을 형성한다고 믿고 있다. 젊은이들의 현대화된 취향과 삶의 질 향상, 이에 대한 기대감 외에도 여성의 노동시장 참여는 결혼 비용의 증가를 야기했다. 예전에는 사치품으로 여겨졌던 가전제품들이 여성의 노동시장 참여로 가정에서 여성의 노동력을 대신할 생활의 필수품이 되었기 때문이다.

## 9. 결혼 비용과 체면 문화

무슬림들은 결혼 비용을 어떻게 마련할까? 결혼 비용 마련 방법은 한 지역의 관습과 전통, 또 한 세대가 처해 있는 시대의 경제적·정치적 상황에 따라 다르지만, 젊은이들은 대부분 이를 부모에게 의지한다. 부모는 자녀의 탄생과 함께 자녀의 결혼에 쓸 자금을 장기계획을 세워 마련한다. 자녀의 결혼 비용을 모으기 위해 이웃 주민이나 친척들과 함께 우리나라의 계와 같은 조직을 구성해 목돈을 만드는 부모들도 있다.

그렇다면 부모들은 왜 자녀의 결혼에 재정적인 원조를 하는 것일까? 많은 무슬림 부모들은 이를 사랑과 애정의 표현으로 간주한다. 또한 부모들은 자녀를 부양하고 책임지는 것은 이슬람의 종교적 가르침과 도덕적 의무감의 이행으로 본다. 그 밖에도 체면문화가 중시되는 이슬람 사회에서 결혼은 집안의 자존심을 타인에게 보여줄 가장 좋은 기회로 간주된다. 따라서 많은 부모들이 자녀의 결혼식 때 무엇을 해주고 또 상대에게 무엇을 받았는지 이웃과 친척들에게 보여주고 싶어 하고, 상대방의 반응에도 관심을 갖는다.

일반적으로 무슬림 사회에서는 남자가 결혼 비용의 80~90% 이상을 부담하고 있다. 전통에 따라 남자 측이 신혼집과 전기제품을 마련하는 반면, 여성들은 부엌살림을 포함한 인테리어를 책임지기 때문이다. 그러나 전통적인 신부 측과 신랑 측의 비용 분담 방식은 오늘날 점차 사라지고 있다. 높은 실업률, 그리고 높아진 생활수준과 그에 대한 기대치로 혼기를 놓치는 젊은이들이 증가하는 등의 이유로, 오늘날에는 신부 측의 부담이 점차 늘어나는 추세이다. 서구식 생활 패턴의 영향을 받은 무슬림 젊은이들의 소비욕구는 점차 높아져 간다. 이는 또한 부모에게조차 큰 부담거리가 되고 있다. 따라서 일부 신부 집안에서는 신랑이 충분한 결혼 비용을 마련할 때까지 기다리기보다는 부족한 경비를 신부 측에서 부담해 적당한 시기에 자녀를 결혼시키길 희망하곤 한다. 이와 관련해 최근 약혼한 하미드는 이렇게 말했다.

신랑이 신부에게 마흐르를 지급하고 신부가 그 돈으로 신혼집 가구를 사는 게 전통이긴 하지요. 그러나 오늘날 신혼집을 꾸밀 때 신랑과 신부 측은 같이 부담을 하는 추세입니다. 이제는 더 이상 신랑 측 혼자 전적으로 부담을 떠안지는 않습니다. 사람들의 경제사정에 따라 결혼과 관련된 전통이 점점 변하고 있어요. 적당한 시기에 결혼하는 게 체면보다 더 중요하기 때문인 것 같아요.

이 말이 암시하듯 이슬람 문화권의 전통과 관습과 달리 오늘날 신랑과 신부는 결혼에 드는 비용을 분배해 부담하는 추세다. 이는 혼기를 놓치는 것보다 적당한 시기에 결혼을 하는 것이 더 바람직하다고 보기 때문이다. 이처럼 전통과 관습은 시대적 상황에 맞게 계속적으로 변화하고 있다.

## 10. '나슈타리 라굴(Nashutari ragul: 우리가 남자를 산다)'

18세기와 19세기 중동 지역을 여행했던 서구 여행가들에 따르면 여성은 남성에 의해 소유되는 재산 혹은 소비의 대상으로 묘사된다. 19세기에 중동을 여행한 부카르트(Burckhardt)는 양가의 결혼 협상과정을 매매과정으로 정의했다. 같은 맥락에서 14세기의 한 유명한 말리키 법학자는 좀 더 노골적으로 다음과 같이 표현한 바 있다.

결혼할 때 여성은 자신의 일부를 판다. 시장에서 사람들이 물건을 사듯 결혼에서는 남자가 여성의 생식기능을 사는 것이다. 어떤 매매든지 유용하고 깨끗한 것만이 제 값을 받는다(Mir-Hosseini, 1992/1993: 25 재인용).

위의 인용은 이슬람식 결혼의 계약적이고 경제적인 면을 부각시키고 있다. 근대 이집트 최초의 페미니스트인 까심 아민(Qasim Amin)도 "부인을 소유한다는 것은 그리스, 로마, 독일, 인도, 중국, 아랍인들 사이에 만연한 개념이다. 남자는 결혼계약을 통해 여성을 사고 이는 재산에 대한 판매와 구매의 관계를 규정한다(1995: 6)"라고 언급한 바 있다. 이와 같은 맥락에서 현대의 이집트인 여성 페미니스트인 나왈 엘 사으다위(Nawal el-Saadawi)는 『이브의 가려진 얼굴(In the Hidden Face of Eve)』(1980)에서 이슬람식 결혼을 '남성이 여성을 구매하는 것'(77)이라고 규정하며 이슬람식 결혼제도는 남성이 돈으로 여성의 성과 생식능력을 사는 것이라고 비판한 바 있다. 또한 이란의 섹슈얼리티를 논했던 무가담(Moghadam)은 이슬람식 결혼을 돈과 성의 거래라고 규정하며 종신혼을 구매의 형태로, 무타(mut'ah) 결혼이라고 불리는 임시 동거혼을 임대의 형태라고 규정했다(1994: 85). 그러나 현실을 고려해볼 때 결혼을 돈과 성, 생식 능력의 교환으로 보는 견해는 큰 비약이다. 그 예로 이집트에는 '나슈타리 라굴(우리가 남자를 산다)'이라는 결혼 형태가 있다. 이것은 비록 남자 혹은 남자의 집안이 결혼할 수 없을 정도로 형편이 어려워도 여자 집에서는 남자의 경제력보다 남자의 미래 혹은 그 사람의 됨됨이만 보고 딸을 결혼시키는 결혼 형태이다.

보통의 경우와 달리 이런 형태의 결혼은 신랑 측이 결혼의 성사를 위해 가장 최소한의 것만 부담해도 신랑의 명예는 실추되지 않는다. 그리고 신랑 또한 자신의 경제력 부족을 부끄러워하지 않는다. 이 결혼의 경우 신부 집은 신랑이 마땅히 준비해야 하는 마흐르와 신혼집을 요구하지 않고 단지 상징적인 의미로 소액의 마흐르와 신부의 결혼반지를 포함한 약간의 예물만 받는다. 대신 이 남성에게는 결혼 후에도 끝까지 좋은 성품과 명예 유지가 요구된다. 따라서 이집트에서는 '나슈타리 라굴(우리가 남자를 산다)'은 '남성의 명예를 산다'는 말로 이해되고 있다.

'나슈타리 라굴' 형태 결혼의 경우 신랑이 경제력이 부족하기 때문에 전통과 관습에 따라 결혼 준비를 하지 못해도 신부와 신부의 가족은 신랑의 자존심을 상하지 않게 하기 위해 특별히 많은 배려를 한다. 이집트에서 스페인어 담당 여행 가이드로 일하는 사미라는 경제력을 충분히 갖추지 못해 결혼 준비를 못했던 남편의 체면을 유지하기 위해 최선을 다했던 자신의 경험을 이렇게 회고했다.

> 우리가 결혼할 때 그이나 그이 집은 신혼집을 장만할 충분한 돈을 마련하지 못했어요. 이 때문에 그이는 저에게 정식으로 청혼을 할 수 없었지요. 이집트에서 일반적으로 남성들은 그들의 재정적 책임을 다하려고 하지요. 왜냐하면 남자들은 여자들이 돈 없어서 남편을 깔보는 것을 두려워하고 이를 남성성 상실이라고 봅니다. 그러나 사람이 좋은 경우, 또 미래가 보이는 경우 당장 결혼할 돈이 없어도 종종 결혼이 성사됩니다. 제 경우에는 저희 아버지가 집을 사주셨고 그이가 마흐르를 주긴 했으나 신혼살림을 장만하기에는 그 돈이 충분하지 않아 제가 번 돈으로 부족한 부분을 충당했지요. 물론 이에 대해서 저는 그이의 자존심이 상할까 봐 말하지 않았어요.

사미라의 경험이나 '나슈타리 라굴'의 결혼 형태가 암시하는 바처럼 이슬람 사회에서의 결혼을 단순히 남성의 여성 구매라는 관점에서 보는 것은 성급한 판단이다. 또한 여기서 주지할 만한 사항은 사회활동을 통해 경제력을 형성한 결혼 적령기의 여성은 자신의 결혼 준비 과정에 상당히 적극적으로 개입하고 있으며 남성의 체면을 지켜주는 데에도 상당히 적극적이라는 것이다.

## 11. 결혼 날짜 정하기

마흐르 액수 책정, 신혼집 장만 및 신혼집 단장에 대한 양가의 합의가 끝나면 커플은 결혼식 날짜를 정한다. 우리나라와 같이 길일을 잡는 개념은 없으나 날짜는 보통 커플의 신혼집 단장이 마무리될 무렵의 목요일로 정한다. 목요일로 정하는 이유는 중동 이슬람 국가에서는 대부분 목요일과 금요일이 휴일이기 때문이다. 일반적으로 무슬림들은 금식을 행해야 하는 라마단 기간 동안에는 결혼 날짜를 잡지 않는다. 라마단 기간 동안의 해가 떠 있는 동안에는 음식뿐만 아니라 성관계도 금지되기 때문이다. 결혼식 날짜는 결혼 등록일인 카틉 알 - 키탑(katb al-kitab)과 결혼 피로연인 파라흐(farah) 날을 잡는 것을 포함하는데, 날짜 잡는 시기는 신랑과 신부의 개인적 상황에 따라 유동적이다. 이슬람 관습에 따라 신랑이 결혼 비용을 대부분 부담해야 하므로 결혼식 날짜는 신랑 측이 먼저 재정적인 준비가 되었을 무렵으로 그 시기를 제안하게 된다. 카틉 알 - 키탑과 파라흐를 같은 날 잡는 사람들도 있고, 카틉 알 - 키탑을 행한 후 며칠에서 몇 달 동안의 준비 기간을 둔 뒤 파라흐를 하는 커플도 있다. 중요한 것은 앞서 언급한 바처럼 카틉 알 - 키탑을 통해 결혼 등록을 마쳤어도 파라흐로 불리는 피로연을 하지 않으면 신혼부부는 공식적으로 부부관계를 가질 수 없다는 것이다. 결혼식에 선호되는 시기는 방학이나 휴가 기간인데, 이 기간이면 다른 지역에 사는 친척들이 참석할 수 있기 때문이다.

결혼 날짜는 종종 가족의 사망으로 인해 몇 개월 혹은 몇 년간 미루어지기도 한다. 이슬람에서는 망자에 대한 예의로 가족의 장례 후 최소 3개월간 집안에서 결혼을 하지 않는 것이 관례이기 때문이다. 이집트에서 만난 친구중 하나는 연달아 친척이 사망하는 바람에 결혼을 1년 동안 미룬 경우도 있었다.

세계화 시대인 오늘날 세계의 정치와 경제상황이 이집트 청년들의 결혼 시기에 영향을 미치기도 한다. 일례로 2001년 발생했던 9·11 테러와 그 후속 조치였던 미국의 '테러와의 전쟁' 정책은 지구 반대편에 살고 있는 이집트 청년들의 결혼 시기 연장에 영향을 미친 바 있다. 국가 수입의 대부분을 관광업에 의지하는 이집트는 9·11 이후 관광객이 감소하여 경제적으로 심각한 타격을 입었고, 이는 관광업·숙박업·서비스업에 종사하는 많은 청년들의 실업 문제로까지 이어졌다. 결국 2001년 결혼을 계획했던 많은 젊은 이들이 결혼을 연기해야 했다.

## 12. 나오며

이 장에서는 결혼 협상과정이 어떻게 변화했는지 알기 위해 신랑이 신부 집을 공식적으로 방문하는 과정부터 결혼 날짜를 잡는 단계까지 살펴보았다. 오늘날 신랑과 신부 측의 협상과정은 한 지역의 전통과 관습, 개인의 재정적 상황, 그리고 가족의 분위기에 따라 다양하다. 과거와 마찬가지로 오늘날 결혼의 협상과정은 개인적인 일로 간주되기보다 여전히 양가 부모가 깊이 개입하는 가족 대 가족의 일로 간주된다. 협상과정에서 신부의 아버지는 가족의 의견을 공식적으로 나타내고 신부의 어머니는 협상과정에 필요한 정보를 수집한다. 비록 중동 이슬람 문화권에서 남성은 공적 공간에, 여성이 사적 공간에 배치되는 것처럼 비추어져 여성들은 권력 없고 영향력 없는 존재로 인식되어왔으나, 실질적으로 자녀의 결혼협상과정에서 여성들은 든든한 배후 세력으로 존재하며 막강한 영향력을 행사하고 있다.

오늘날 협상과정의 가장 큰 변화는 젊은이들의 소비문화 패턴의 변화에 따른 것이다. 젊은이들의 높은 생활수준에 대한 기대감과 소비 패턴이 현대화·세계화된 것이 오늘날 결혼 비용 상승에 막대한 영향을 미쳤다. 이는 비용이 마련될 때까지 결혼이 상당 기간 연장됨을 의미한다. 또한 결혼 비용을 충당하기 위해 오늘날 젊은이들은 재정적으로 부모에게 많은 부분을 의존하고 있고, 부모는 자녀의 결혼 전부터 장기적인 재정계획을 세우고 있다. 높은 결혼 비용으로 말미암아 전통적으로 신랑 측과 신부 측에 적용되던 결혼 비용 부담에 대한 행태도 바뀌게 되었다. 전통에 따라 신랑 측이 신혼집을 마련하고 전기제품과 신혼집의 페인트 칠, 카펫의 비용을 부담하는 반면 신부 측이 가구와 부엌살림에 드는 비용을 부담했으나, 현재는 신랑과 신부 측의 합의하에 신부 측도 결혼 비용을 상당 부분 부담하는 추세이다. 여기서 주지할 만한 것은 과거 자신의 결혼협상에 소극적이던 신부가 교육의 혜택과 노동시장의 참여로 형성한 경제력을 바탕으로 양가의 중재자 역할을 적극적으로 수행한다는 것이다. 이처럼 중동 이슬람 문화권의 여성은 우리가 인식하는 것처럼 그리 소극적인 존재가 아님을 알 수 있다.

제5장

# 세계화와 이집트의 결혼문화

## 1. 들어가며

이집트에서 결혼은 '카톱 알 - 키탑(katb al-kitab)'과 '자파프(zafaf)' 혹은 '파라흐(farah)'라고 불리는 두 과정으로 나뉜다. 카톱 알 - 키탑은 우리나라의 결혼식과 같은 개념으로, 이날 양가는 결혼계약서를 작성하고 결혼을 집행하는 마우준은 이 사실을 정부에 등록한다. 카톱 알 - 키탑 예식에는 신랑과 신부, 혹은 신랑과 신부의 아버지가 코란의 첫 장인 개경 장을 마우준(maudhun)을 따라 함께 읽는 결혼 서약식이 거행된다. 카톱 알 - 키탑을 마친 신랑과 신부는 타인으로부터 공식적인 부부관계를 인정받는다. 그러나 커플의 부부관계는 자파프 혹은 파라흐라고 불리는 결혼 피로연을 하기 전까지 이루어지지 않는다.

카톱 알 - 키탑과 자파프 혹은 파라흐는 같은 날 행해질 수도 있고, 며칠 혹은 몇 달의 결혼 준비 기간을 가진 후 행해지기도 한다. 중동 지역에는 우리나라에 있는 전문 결혼식 장소인 예식 홀과 같은 시설은 없다. 전통적인 결혼식과 피로연은 신부의 집에서 행해졌다. 그러나 오늘날은 신부의 집 대신 군인회관, 호텔, 클럽과 같은 곳에서 결혼식이 거행된다. 경제적인 문제로 결혼식 장소를 빌리지 못하는 저소득층 사람들은 골목길 사이에 천막을 쳐놓고 결혼 파티를 갖기도 한다.

이슬람 문화권에서 양가의 결혼이 성립되기 위해서는 몇 가지 법적 요건이 충족되어야 한다. 이슬람이 국가 수립의 기반이 된 이집트에서는 이슬람법과 관련된 관습과 전통은 결혼 성립의 가장 기본적인 요건이다. 결혼이 성립되기 위해서는 신랑 측의 청혼과 이에 대한 신부 측의 응답이 있어야 한다. 청혼과 응답의 형식은 결혼계약서에도 반드시 명기되어야 한다. 또한 신부의 법적 후견인인 왈리(wali) 및 결혼을 진행하며 결혼 사실을 법원에 등록하는 마우준(maudhun)이 있어야 하며, 선납금인 마흐르 무까담(mahr muqqadam)과 후납금인 마흐르 무와카르(mahr muwakhar)로 구성된 혼납금, 마지막으로 양가를 대표하는 증인이 반드시 있어야 한다.

한 지역의 결혼문화에 영향을 주는 요소로 크게는 그 지역의 관습과 전통, 종교 등이 있고, 작게는 개인의 경제수준, 취향, 가풍, 인터넷과 서양 영화의 영향, 세계화된 다양한 방송매체를 통해 유입되는 타 지역의 결혼문화 등이 있다. 오늘날 이집트의 결혼식도 이슬람의 '전통'적인 결혼문화와 유럽이나 미국 등 외부에서 유입된 결혼문화가 혼용되어 있다. 세계의 보편화된 결혼문화의 예로는 결혼식에서 신부가 입는 흰색의 웨딩드레스와 신랑의 턱시도, 신부의 부케, 주례와 하객 앞에서 신랑과 신부가 맺는 결혼 서약, 양가의 대표로 구성된 증인 등이 있다. 또한 이집트의 결혼식에는 서양의 결혼식과 구별되는 자신들의 전통적인 결혼문화도 존재한다. 그러나 전통적인 결혼문화는 근대화와 서구화의 결과 새롭게 태어나 현대의 결혼식 절차에 가미

되었다. 이집트의 헤나 파티가 바로 그 예다. 전통적으로 결혼식 전날 밤 신부의 친구들과 친척들은 신부의 집에 모여 다음날 열릴 결혼식을 축하하며 손과 발에 헤나 염색을 하며 노래와 춤으로 밤을 즐긴다. 이를 '헤나의 밤 (laylah al-hennah)'이라고 한다. 헤나의 밤은 전통적으로 신부가 결혼해 부모의 집을 떠나면 다시는 만날 수 없는 친구 및 친지들에게 이별을 고하는 예식으로 오직 여성들만이 이 파티에 참여했다. 헤나 파티에 참석한 신부의 친구와 친지들은 신부의 결혼을 노래와 춤으로 축하하고 헤나로 몸에 다양한 패턴의 그림을 그려 장식한다. 그러나 이집트 근대화 결과 많은 여성들은 헤나로 몸에 그림을 그리는 예식이 공적인 장소에서 일하는 자신들에게 부적합하다고 보았고, 그 결과 헤나의 밤 파티는 이집트에서 여성들의 노동시장 참여가 활발했던 1960년대와 1970년대부터 사라지기 시작했다. 당시 사라진 헤나의 밤 파티는 오늘날 전통의 부활이라는 명목하에 부활하기 시작했다. 그러나 새롭게 부활한 헤나의 밤 예식은 전통적인 헤나의 밤 예식과는 그 형식과 스타일 면에서 크게 다르다. 부활한 헤나의 밤 예식에는 남성과 여성이 한데 어우러져 춤과 노래를 즐긴다. 그뿐 아니라 헤나의 패턴 또한 과거의 투박한 문양에서 탈피해 젊은이들의 감각에 맞게 세련되어졌다. 헤나의 밤의 사례에서 보는 것처럼 오늘날 이집트의 결혼식은 세계의 보편문화와 현지의 특수문화가 혼용되어, 세계의 보편적인 결혼문화도 아니고 현지의 전통적인 결혼문화도 아닌 제3의 결혼문화로 그 시대의 상황에 맞게 재창조되고 있다.

세계화는 지역문화가 세계문화에 반응하며 조우하는 방법에 따라 크게 세 패러다임으로 분류되며, 여기에는 '동질화' 혹은 '보편화(homogenization)', '특성화' 혹은 '배타화(particularization)', '혼용화' 혹은 '잡종화(hybridization)'의

과정이 포함한다. 동질화란 지역의 고유문화가 세계문화에 노출된 결과 세계의 보편적인 문화에 동화되는 현상을, 특수화란 개인이나 그룹이 자신의 관습과 전통문화를 고수하며 세계문화에 저항하는 현상을, 혼용화 혹은 잡종화는 세계문화와 지역문화가 조우한 결과 보편적인 세계문화도 아니고 독특한 지역문화도 아닌 제3의 문화가 창조되는 현상을 지칭한다.

이 장에서는 중동 이슬람 문화권에서 세계문화와 지역문화가 어떤 방식으로 소우하는지 이집트의 결혼문화를 사례연구로 들어 탐구한다. 이를 위해 이집트의 전통적인 결혼절차와 그에 담긴 의미를 파악하고, 이집트의 결혼문화가 세계화의 영향을 받아 오늘날 어떻게 변해왔는지 분석한다. 또한 결혼절차에서 세계문화/지역문화, 근대/전통, 외래요소/토착요소는 어떻게 작용 및 반작용해왔는지 살펴볼 것이며, 이 과정에서 남성과 여성의 역할은 어떻게 변화해왔는지를 세계화의 패러다임에서 분석할 것이다.

## 2. 합법적인 이슬람식 결혼

이슬람의 결혼관은 기독교의 결혼관과는 다르다. 기독교의 결혼관에 따르면 배우자는 하나님이 결정하기 때문에 부부관계에는 신성성이 부여된다. 하나님 앞에서 결혼서약을 행하는 기독교의 결혼은 하나님과 인간의 약속에 근거하는 신성한 행위로 간주되며, 결혼 후 하나님이 정한 배우자와의 이혼은 원칙적으로 엄격히 금지되어 있다. 그러나 이슬람에서의 결혼은 —— 물론 배우자는 알라(Allah)가 정해준다는 신성성의 의미도 부여되지만 —— 인간과 인간 사이에 발생하는 계약관계로 간주되며, 따라서 부부관계는 계약사항이 위반될 때 해체될 수 있다. 이슬람 문화권의 결혼에서 신랑 측과 신부 측은 서로 합의하에 결혼계약서를 작성하며, 신랑과 신부 집안의 대표, 양가의 중재자, 양쪽 집안의 대표로 구성된 증인의 서명이 결혼계약서에 날인되어야 하는 점은 이를 반영한다. 결혼계약서에 날인이 없거나 결혼 사실이 타인에게 알려지지 않거나 또는 정부에 등록되지 않은 결혼은 무효로 간주되어 법적 효력은 발휘되지 않는다.

이슬람 문화권에서 합법적인 결혼관계가 성립되기 위한 가장 중요한 절차는 결혼에 대한 신랑 측의 청혼과 신부 측의 응답이다. 이를 아랍어로 시가(syghah)라고 하는데, 보통 결혼식 날 마우준이 신랑 측과 신부 측에 결혼에 대한 의사를 묻는 형태로 이루어진다. 결혼을 인간 대 인간의 계약관계로 간주하는 이슬람의 결혼관에서 당사자 혹은 대리인의 동의 없는 결혼서약은 무효로 간주된다. 이슬람 법학파에 따라 다른 입장을 보이긴 하지만, 이슬람의 전통에 따르면 여성은 당사자의 혼인 여부를 스스로 결정할 수 없다. 그러므로 이슬람의 결혼식에서 신부는 스스로 자신의 결혼 의사를 공표하지 않는 것이 관례로 여겨져 왔고, 신부의 후견인인 왈리(wali)가 신부를 대신해 신부의 결혼 의사를 표현한다. 일반적으로 신부 집안에서는 신부의 아버지가 왈리가 되지만 아버지가 없으면 아버지의 형제인 삼촌이나 신부의 오빠가 신부의 후견인 역할을 한다. 여성이 자신의 결혼에서조차 공식적인 입장 표명을 하지 못하는 전통과 관습은 이슬람 사회에서 여성이 개체로 정의되기보다는 남성과의 관계에 의해 인식되어왔음을 반영한다.

이슬람에서 결혼이 성립되기 위한 필수조건에는 마흐르(mahr)라고 불리는 혼납금이 반드시 있어야 한다. 선불 혼납금은 결혼과 동시에 신랑 측에서 신부 측에 제공해야 하고, 후불 혼납금은 남편의 이혼 선언이나 사망 시 아내에게 지급되어야 한다. 마흐르의 액수에 대한 규정은 없으며 책정기준은 지역문화에 따라 다르다. 상징적인 액수를 책정하는 지역도 있고 실질적인 액수를 책정하는 지역도 있는데, 책정한 액수는 결혼계약서에 반드시 적어 넣어야 한다.

결혼식의 증인으로는 믿을 만한 양가 친척이나 부모의 친구가 선택된다. 양가를 대표하는 두 명의 증인은 결혼계약서에 서명함으로써 커플의 결혼에 거짓이 없음을 증명한다. 결혼식에서 증인이 확인하는 내용은 신랑이나 신부가 친남매간이나 수양 남매 관계가 아니라는 것, 이전에 다른 결혼 관계가 있었는지, 양가의 사회적 지위는 비슷한지, 종교는 같은지, 신부가 잇다('idda) 기간에 있는지 등이다(Antoun, 1972: 122). 잇다 기간이란 여성이 이전 결혼관계가 해체된 후 다음 결혼 전까지 두어야 하는 결혼 대기 기간으로, 이 기간 동안 전 결혼에서 발생했을지 모를 임신 유무를 확인한다. 증인의 또 다른 역할은 양쪽의 결혼을 대중에 선전하고 광고하는 것이다. 이슬람의 전통과 관습에 따르면 결혼 사실에 대한 광고는 금지된 것(haram)을 허용된 것(halal)으로부터 구분하는 중요한 요소이다(Uthman, 1995: 21~47).

결혼에 대한 광고는 지역문화에 따라 다양하게 나타난다. 일반적으로 결혼의 기쁨을 이웃에 알리기 위해 여성들은 입으로 자그라다(zaghrada) 소리를 내기도 하고, 총이나 축포를 터뜨리기도 하고, 형형색색의 전등을 신부의 집 담벼락에 장식하기도 한다. 사막에 사는 베드윈의 경우 결혼 사실을 타 지역에 사는 자신의 부족원에게 알리기 위해 길거리에 큰 표지판을 세워 초대의 글을 쓰기도 한다. 이들은 사람이 자주 다니는 대로변에 "부족원 ○○○의 아들/딸이 ○○날 결혼을 하니 모두 오십시오"라는 초청의 문구를 써 넣는다. 오늘날은 IT 기술의 발달과 함께 결혼 광고의 방법 또한 변했다. 신세대들은 멀리 사는 친구나 친척들을 위해 인터넷을 통해 자신의 결혼 사실

사막에 걸린 초대 현수막(쿠웨이트)

을 알리기도 한다.

결론적으로 이슬람에서 인정하는 적법한 결혼요건에는 결혼 의사를 묻는 신랑 측의 청혼과 신부 측의 응답으로 구성된 형식, 신랑과 신부의 후견인, 결혼 등록인인 마우준, 양쪽 집안의 대표로 구성된 증인, 그리고 이들의 서명이 날인된 결혼계약서, 마흐르, 결혼 사실에 대한 광고가 있다.

## 3. 비합법적인 결혼과 무슬림 사회의 동거문화

보수적인 이슬람 사회에서 과연 동거란 존재할까? 무슬림들은 동거를 어떻게 인식하고 이슬람 법학자들은 이를 어떻게 해석할까? 관점에 따라 달리 이해되겠지만 무슬림 사회에서도 이슬람식 동거 혹은 사실혼 형태는 존재하며, 이는 점점 증가하는 추세이다. 이슬람식 동거문화는 이집트에서는 우르피('urfi), 사우디아라비아에서는 미스야르(misyar), 이란에서는 무타(mut'ah)라는 결혼 형식으로 나타난다. 이 결혼의 형태가 합법적인 결혼 형태로 간주되지 않는 것은 앞서 언급한 합법적인 이슬람식 결혼의 성립요건을 다 충족하지 못하기 때문이다. 이 결혼 형태에는 바로 이슬람식 결혼에서 가장 중요시되는 요건 중 하나인 신부 측 대리인과 정부에 결혼 사실을 등록하는 마우준이 없다. 여성이 스스로 자신의 결혼을 결정할 수 없는 이슬람의 결혼문화에서 대리인이 없다는 것만으로도 이슬람식 결혼의 적법성 문제를 야기한다. 이러한 형태의 결혼은 결혼 사실을 정부에 등록하지 않을뿐더러 타인에게 알리지도 않기 때문에 비밀결혼이라고 불리기도 한다. 중동 이슬람 지역의 비밀결혼은 학계와 비학계뿐 아니라 종교계와 비종교계를 포함해 일반대중 사이에도 많은 논쟁거리가 되고 있다. 이집트, 사우디아라비아, 이란의 예를 들어 좀 더 자세히 설명하면 다음과 같다.

이집트에는 오늘날 일부 젊은이 사이에 우르피라는 동거형태의 결혼이 성행한다고 알려져 있다. 우르피 결혼은 정부에 등록되지 않기 때문에 그 정확한 숫자의 집계는 현실적으로 어렵다. 그러나 그 증가 추세를 반영하듯 최근 이집트의 텔레비전 프로그램이나 영화는 일부 젊은이들 간에 행해지고 있는 우르피 결혼에 대한 주제를 종종 다루고 있다. 다음은 2001년 현지조사 당시 방영되었던 한 텔레비전 드라마에서 다루었던 우르피 결혼의 묘사이다.

호화스러운 침실에 누워 있는 한 여성은 그녀의 어머니가 가져온 식사를 거부하고 있다. 장면은 다른 곳으로 이동하여 한 남성이 누추한 방에서 만날 수 없는 그녀를 그리며 상사병에 괴로워하고 있다. 갑자기 이 남자는 뭔가를 다짐한 듯 주먹을 불끈 쥐며 일어난다. 사회계층의 차이로 결혼을 반대해온 그녀의 어머니가 집을 잠시 비운 사이 그녀를 집 밖으로 불러낼 의도였다. 남자는 가정부의 눈을 피해 여자를 집 밖으로 데리고 나오는 데 성공했다. 해질 무렵 연인은 피라미드 근처에서 사랑의 말을 속삭이며 그 둘의 사랑을 우르피 결혼으로 확고히 하자고 약속한다.

장면은 대학 캠퍼스로 바뀌어, 이 주인공 남녀를 포함한 젊은 남녀 한 무리는 미니버스를 빌려 대학 캠퍼스를 떠나 바다로 향한다. 버스 안에서 학생들은 노래하고 드럼 치며 마냥 즐거운 시간을 보낸다. 바다에 도착하자 짝을 이룬 젊은이들은 해변을 거닐며 사랑의 표현을 주고받는다. 이후 각각의 커플은 다른 커플들이 지켜보는 앞에서 결혼계약서에 서명을 한다. 이렇게 서로가 서로의 결혼서약에 대한 증인이 되어주었고, 이제 커플들은 계약서의 서명을 마침과 동시에 부부가 된다. 결혼 서약을 마친 커플들은 한 커플을 제외하고 '완전한 부부' 관계를 이루기 위해 방갈로로 향한다. 남은 한 커플 중 여자는 ── 비록 결혼 서약서에 서명을 마치긴 했으나 ── 우르피 결혼이 영 내키지 않은 듯 부부관계를 맺는 것을 주저하고 있다. 약간의 다툼 뒤 남자는 화가 나서 여자를 뒤로 한 채 떠난다.

장면은 다시 바뀌었고, 주인공 남녀는 어두운 밤에 여자 집 앞에서 아쉬운 이별을 나눈다. 다음 만날 약속을 정한 후 그녀는 홀로 남은 '남편'을 뒤로 한 채 집으로 들어갔다.


이집트 결혼에서 행해지는 우르피 결혼을 글자 그대로 풀이하면 '관습혼'이다. 그 말이 암시하듯 이집트에서 행해지는 우르피 결혼의 전통은 길다.

그러나 우르피 결혼은 부부가 결혼계약서를 법원에 등록하지 않는다는 점과 결혼 후 그들만의 보금자리를 따로 꾸미지 않는다는 점에서 정통 이슬람식 결혼과는 구별된다. 결혼 후 한 지붕 아래에서 살지 않는 이들을 부부로서 묶어주는 유일한 끈은 부부가 임의로 작성한, 정부에 등록되지 않은 결혼계약서와 부부관계뿐이다.

이집트에서 젊은이들 사이에서 행해지는 우르피 결혼을 연구한 아바자(Abaza, 2001b)에 따르면 우르피 결혼은 전통적으로 다음 두 가지 이유에서 행해졌다고 한다. 첫째, 우르피 결혼은 국가가 과부에게 지급하는 연금을 재혼 후에도 계속적으로 받기 위한 저소득층 미망인의 생존 전략으로 이용되었다. 둘째, 우르피 결혼은 계층을 초월한 중매의 한 방법으로 이용되기도 했는데, 주로 상류층 남성들이 저소득층 여성과 일부다처혼을 하기 위한 한 방법으로 이용되어왔다. 특히 후자의 경우 결혼 사실을 비밀로 함으로써 남성들은 그들이 속한 지역사회에서 명예를 유지할 수 있을 뿐 아니라 성욕도 충족할 수 있다. 그러나 이러한 이유와는 달리 현재 우르피 결혼은 젊은이들, 특히 대학생 사이에서 성행하고 있고, 이는 이슬람의 합법적인 결혼 형식을 위협하기 때문에 새로운 사회문제로 대두되고 있다.

현재 이집트에서는 우르피 결혼의 적법성에 대해 의견이 분분하다. 법적인 측면에서 볼 때 우르피 결혼의 적법성을 옹호하는 입장에 따르면 우르피 결혼은 이슬람식 결혼을 성립시키는 중요한 요건 중 하나인 마흐르(혼납금)의 조건을 충족하고 두 명의 증인이 있기 때문에 적합하다고 본다. 그러나 현실적으로 재정적인 면에서 결혼 준비가 안 된 일부 젊은이들은 상징적인 의미가 담긴 최소의 마흐르(예를 들면 25이집트 피아스터가 70원)로 혼납금을 치르고 있고, 길가는 행인이나 대학 캠퍼스의 친한 친구들을 증인으로 섭외하고 있는 실정이다. 이와는 달리 우르피 결혼이 부적합하다고 보는 견해도 있는데, 가장 큰 이유로는 결혼의 비밀성을 들 수 있다. 우르피 결혼에서는 후견인인 왈리(wali)와 마우준(maudhan)이 없기 때문에 결혼 사실을 대중에 공표하지 않는다. 이러한 점에서 우르피 결혼은 현 이집트의 사회·문화적인 분위기에서 비합법적인 결혼 또는 비밀결혼으로 인식되고 있다.

이집트의 우르피 결혼과 비슷한 형태의 결혼은 다른 지역에도 있다. 사우디아라비아의 미스야르 결혼과 이란의 무타 결혼이 이에 해당한다. 일반적으로 사우디아라비아에서는 여성들이 나이가 들어 결혼의 가능성을 더 이상 찾아볼 수 없을 때 최후의 수단으로 미스야르 결혼을 선택한다. 아랍어의 미스야르는 '이동하는', '여행하는'의 뜻으로 아랍 상인들이 여러 지방 도시들을 돌아다니며 현지처를 두었던 관습에서 유래한 것이다(http://www.islamonline.net, retrieved Jun. 2002). 합법적인 이슬람식 결혼과 달리 미스야르 결혼에서는 남성에게 마흐르와 부양권과 같은 재정적 의무는 부여되지 않는다. 그럼에도 불구하고 여성들이 이 결혼을 택하는 이유는 노처녀로 남아 이웃에게 결함 있는 여성이라는 불명예스러운 낙인이 찍힌 채 살아가는 것보다 낫기 때문이다. 미스야르 결혼의 배우자로 여성들은 경제력이 없어 남편으로서의 법적 의무를 다하지 못하는 남성이나 부부로서 지속적인 동거가 불가능한 사람을 선택한다.

무타 결혼은 주로 이란의 시아파 무슬림 사이에서 행해지는 결혼 풍습으로, 이 결혼의 특징은 부부가 결혼 기간을 임의로 정하고 부부관계를 시작한다는 것이다. 무타는 아랍어로 '기쁨' 혹은 '향유'를 뜻한다. 관습적으로 무타 결혼은 간통을 방지하기 위해 행해졌다고 한다. 무타 결혼의 기원에 대해 이슬람 법학자는 이렇게 주장한다.

이 결혼은 자힐리야 시대에서 이슬람 시대로의 전환기에 허용되었던 결혼의 한 형태다. 이슬람이 도래하기 이전 아랍인 사이에는 간음이 성행했다. 이슬람 도래 이후 무슬림들이 지하드(성전)를 위해 군대 원정을 갔는데 이때 전투병들은 오랫동안 부인들과 떨어져 있어 우울증에 크게 시달렸다. 일부는 믿음이 강했으나 일부는 약했다. 믿음이 약한 이들은 간음을 범할까 두려워했고, 믿음이 강한 자들은 부정을 저지르지 않기 위해 거세를 했다……. 무타 결혼은 이러한 딜레마를 극복하기 위해 이슬람에서 허용된 결혼의 한 방법이었다……(http://www.islamonline.net, retrieved Jun. 2001).

무타 결혼에 대한 사람들의 해석은 다양하다. 하에리(Haeri)는 무타 결혼과 매춘의 모호성에 대한 토론에서 이란 도시지역의 지식인층과 중·상류계층 사람들은 무타 결혼을 합법화된 매춘제, 또는 서양의 자유로운 남녀관계를 이슬람식으로 세련되게 모방한 대용품이라고 주장했다(1989: 6). 흥미롭게도 무타 결혼에 대한 이란의 남성과 여성의 인식에는 차이가 있다.

하에리에 따르면 여성이 남성에 비해 무타 결혼에 더 많은 의미를 부여할 뿐 아니라 계약 기간이 끝까지 지속되기를 희망한다. 더욱이 여성들은 무타 결혼을 이혼녀나 미망인으로 낙인찍힌 '흠집' 있는 결혼 상태를 '정상'적인 상태로 전환할 수 있는 하나의 방법으로 보는 반면, 남성은 무타 결혼을 일상생활에서 탈피해 억압된 성욕을 표출하는 하나의 배출구 또는 유희의 스포츠로 보는 경향이 있다고 한다. 경제적인 맥락에서는 여성들이 남성과의 계약결혼을 주요 생계수단으로 보는 반면, 남성들은 여성을 자신들에게 부과된 또 하나의 부담으로 본다.

이러한 경향은 이집트의 우르피 결혼에서도 나타난다. 이란의 경우와 마찬가지로 카이로에서도 우르피 결혼에 대한 젠더 간 입장 차이는 현저하다. 가장 큰 견해차로는 여성들이 우르피 결혼에 대해 부정적인 반면, 남성들은 이에 대해 개방적이라는 것이다. 이는 법원에 등록되지 않은 계약서를 파기함으로써 소멸되는 우르피 결혼의 특징과 그로 인해 야기되는 여성들의 처녀성 상실과 명예 실추라는 불이익 때문이다. 다국적 기업에서 근무하는 아스마아는 우르피 결혼에 대해 자신의 의견을 다음과 같이 피력했다.

이슬람식 결혼에는 두 가지 중요한 요소가 충족되어야 합니다. 이것은 결혼에 대한 선전과 광고로, 그 의미는 결혼을 다른 사람에게 공표해야 한다는 것이지요. 모든 사람들은 누가 누구와 결혼했는지 알아야 합니다. 이러한 기본적인 요건을 충족시키지 못하는 우르피 결혼은 옳지 않은 것이지요. 저 또한 우르피 결혼을 반대하고 있어요. 우르피 결혼은 단순하게 종이에 서명하는 것으로 결혼이 완성되기 때문에 커플 이외에는 아무도 결혼 사실을 알지 못하기 때문입니다. 우르피 결혼은 결혼계약서를 파기함과 동시에 사라지지요.

아스마아가 지적했듯 우르피 결혼은 그 비밀성 때문에 커플을 제외하고 부모를 포함하여 제3자는 결혼 사실에 대해 전혀 모른다. 그러나 여성의 경우와는 달리 남성들은 우르피 결혼에 대해 좀 더 적극적인 관심을 나타내고 있다. 카이로 대학 법학과 출신인 27세의 한 남자(당시 실업자)는 그의 경험을 이렇게 설명했다.

나는 한때 우르피 결혼이라는 것을 했습니다. 옛 여자친구는 아버지가 사우디아라비아에 있기 때문에 정상적으로 결혼을 진행할 수 없다고 말했고, 따라서 우리는 우르피 결혼에 동의했지요. 결혼할 때 제 친구 두 명이 증인을 섰고, 우리는 계약서에 서명을 했습니다. 그 후 3개월 동안 부부관계는 유지되었으나 곧 깨졌지요. 계약서에 서명을 했을 때만 해도 저는 상황이 나아지면 곧 정식으로 결혼식도 치르고, 끝까지 그 관계를 유지하려고 결심을 했었어요. 그러나 3개월 정도 살고 나니 둘의 성격 차이 때문에 더 이상 결혼생활을 유지할수 없었지요. 우리의 결혼생활은 계약서 파기와 함께 끝이 났고, 저는 지금 책임과 의무감에서 탈피해서 아주 안심이 됩니다.

그가 연루되었던 우르피 결혼에 대한 가족들의 반응을 묻자 이렇게 대답했다.

제가 우르피 결혼을 했었다는 것을 우리 가족이 처음으로 알았을 때 누나와 아버지는 아주 노여워했었지요. 저의 부모님은 이혼했기 때문에 누나가 집에서 엄마의 역할을 하고 있어요. 그러나 가족들의 분노는 그리 오래가지 않았어요. 일반적으로 남자 집안은 여자 집안보다 우르피 결혼에 관대한 편이지요.

남성과 여성의 우르피 결혼에 대한 인식 차와 이중 잣대는 어디서 발원한 것일까? 이는 이슬람식 가부장제에 바탕을 둔 중동 지역의 명예 문화와 성에 대한 인식에서 그 해답을 찾을 수 있다.

이슬람 가부장제도에서 명예 개념은 이분법적으로 이해되어져 왔다. 남성이나 남성성은 샤라프(sharaf)라고 불리는 명예의 개념과 관련되어 이해되어온 반면, 여성이나 여성성은 수치의 개념과 연결되어왔다. 여성의 명예를 특히 성과 밀접하게 관련지어 인식해온 이분법적 가부장제의 명예/수치의 개념 때문에 이슬람 가부장제하에서는 여성의 정조 개념과 처녀성 보존이 항상 강조되어왔다. 여성의 처녀성 유지는 가족의 명예를 지키는 가장 기본적인 요건이 된 반면, 여성의 처녀성 상실은 그 여성뿐 아니라 가족 전체에게 명예 실추라는 큰 수치를 안겨준다. 현재까지도 중동 지역에서 여전히 행해지는 명예살인과 처녀막 재생 수술은 여성의 성이 가부장의 명예와 어떤 상관관계가 있는지를 여실히 보여주는 한 예라 하겠다.

오늘날 중동 지역에서는 우르피 결혼이 증가하는 추세이다. 이러한 현상은 중동 젊은이들이 현재 처한 열악한 사회·경제 상황의 분위기를 보면 이해할 만하다. 중동 국가는 현재 높은 실업률, 서구화된 높은 생활수준에 대한 기대감과 그로 인해 점차 상승되는 결혼 비용, 부족한 주택 공급, 인터넷과 위성 텔레비전의 보급으로 인한 서양의 개방적인 성문화 유입 등으로 고민하고 있다. 또한 부모의 외국, 특히 걸프 지역으로의 이민으로 인한 보호자 부재 등이 중동 젊은이들 간에 비밀결혼을 조장하고 있다. 놀랄 만한 사실은 이러한 결혼이 외국인과도 행해진다는 것으로, 이는 특히 관광지에서 성행하고 있다. 우르피 결혼은 성적으로 더 자유로운 외국 여성과 결혼 비용 마련에 많은 부담을 느끼는 젊은 무슬림 남성들 간에 주로 행해진다.

## 4. 카틉 알 - 키탑(katb al-kitab)

카틉 알 - 키탑, 즉 양가가 결혼계약서를 작성하는 예식은 아끄드 알 - 니카('aqd al-nikah)라고 불리기도 한다. 그 의미는 '매듭짓다'라는 뜻으로 양가의 결혼 여부가 결혼계약서에 서명함으로써 완성됨을 의미한다. 카틉 알 - 키탑 예식은 신랑과 신부의 결혼 사실을 정부에 등록하는 예식으로, 전통적으로 이 식은 신부의 집에서 행해졌다. 카틉 알 - 키탑 예식에는 신랑과 신부 대신 신부를 대변하는 신부의 아버지가 주인공이 된다. 19세기 이집트를 여행하며 이집트에서 행해지던 여러 통과의례를 관찰하고 기술한 오리엔탈리스트 레인(Lane)은 당시에 행해진 카틉 알 - 키탑에 대해 이렇게 묘사했다.

두 명의 무슬림 증인이 반드시 결혼계약서에 서명해야 한다. 참석한 모든 사람들은 알 - 파티하(fatihah: 코란의 개경 장(開經 章)]를 암송하고 신랑은 돈(마흐르)을 지불한다. 이후 결혼계약의 의식이 진행되는데 이는 매우 간단하다. 신랑과 신부의 대리인은 한쪽 무릎을 땅에 대고 얼굴을 마주 본다. 양측은 손을 붙잡고 서로의 엄지손가락을 쳐든 뒤 꽉 누른다. 일반적으로 그들이 읊어야 할 말을 지시할 피크(fiqh: 법학자)가 고용된다. 신랑과 신부 아버지가 쳐든 손에 흰수건을 덮고 코란에서 인용한 결혼식과 관련된 말이나 결혼의 장점에 대한 말을 한다. 그 후 신부의 아버지는 "내 딸 ○○○은 나를 대리인으로 지명했고, 처녀인 내 딸은 마흐르 ○○○에 결혼한다." 신랑은 피크를 따라 "나는 이에 동의하며 그녀와 결혼하고, 그녀를 나의 보호와 관심하에 둘 것이다. 참석한 모든 사람이 증인이 될 것이다"라고 두세 번 언급한다. 그 후 피크가 "사도에게 축복을, 만물의 창조주인 하나님께 경배를, 아멘"이라고 하면 모든 사람들은 피크를 따라 코란의 개경 장인 알 - 파티하를 암송한다. 이로써 결혼식은 끝나고 신랑은 친구들과 하객들의 손등에 키스를 한다. 하객들은 신부 집에서 준비한 손수건을 받고 피크는 금으로 장식된 손수건을 받는다. 예식이 끝나면 양가는 '라일라 알 - 두쿨라(laylah al-dukuhla: 신랑 신부의 합방일)'가 행해질 날을 결정한다(Lane, 1989: 164~165).

**카틉 알 - 키탑의 신랑 신부와 두 증인의 모습**

양가의 중간에 착석한 마우준이 신랑 측과 신부 측 후견인인 왈리 사이에서 결혼에 대한 합의

의사를 확인하고 있다.

신부가 결혼계약서에 서명을 하는 모습

오늘날에는 신부도 결혼에 대한 동의 표시로 결혼계약서에 직접 서명한다.

양가가 결혼계약서에 서명하는 카톱 알 - 키탑 예식이 끝나면 커플은 법적으로 부부가 된다. 그러나 이들은 실질적인 부부관계를 맺는 날인 '라일라 알 - 두쿨라(laylah al-dukuhla)'가 행해지기 전까지 한집에서 같이 거주하진 않는다. 사전적 의미로 '라일라'는 '밤'을, '두쿨라'는 '삽입'을 의미한다. 즉 이날은 신랑과 신부가 합방하는 날을 의미한다. 오늘날 행해지는 카톱 알 - 키탑의 예식 순서는 19세기에 행해지던 전통적인 예식과 크게 다르지 않다. 난지 과거와 달리 오늘날 카톱 알 - 키탑은 사원이나 호텔 같은 곳에서 행해지고 있고 남자와 여자 하객들이 서로 격리되는 대신 신부를 포함해 이 예식에 함께 참석하고 있다.

그러나 때로 이슬람의 남녀분리 전통을 중시하는 일부 무슬림들은 오늘날에도 남녀의 공간이 엄격하게 구분된 사원에서 예식을 치르기도 한다. 이 경우 신부와 신부 측 여성 가족, 그리고 여성 하객들은 남자들의 공간에서 행해지는 카톱 알 - 키탑 예식을 천장에 걸린 모니터를 통해 참여한다. 카톱 알 - 키탑 예식이 끝난 뒤 같은 날 피로연을 계획한 커플은 바로 결혼 파티장으로 떠난다. 그러나 같은 날 파라흐를 계획하지 않은 커플은 몇 달 후에 있을 '결혼식의 꽃'인 파티를 준비하기 시작한다.

### 5. 결혼식 전 여성들만의 파티, 헤나의 밤(laylah al-hennah)

전통적으로 결혼식 전날 밤 신부와 신부의 여자친구, 그리고 신부의 여자 친척들은 라일라 알 - 헤나(laylah al-hennah)라고 불리는 여성들만을 위한 헤나의 밤 파티를 갖는다. 19세기 이집트의 전통적인 결혼식을 묘사한 레인(Lane, 1989)에 따르면 이 파티는 여성들만을 위한 것으로 전문적인 엔터테이너들인 가수와 댄서들이 고용되어 신부와 손님들의 모임에 흥을 돋운다. 가수와 댄서들이 공연을 마치면 여성들은 자신의 몸을 천연 염색제인 헤나로 장식하는 의식을 행한다.*

보통 결혼식 전날 밤 행해지는 헤나의 밤에는 신부의 몸을 아름답게 단장하기 위한 장식의 목적 이외에 많은 의미가 담겨 있다. 신부의 헤나 문신은 대중에게 막 결혼한 여성으로서의 신분을 나타낸다. 또한 신부의 친구나 친척들은 헤나 문신을 통해 자신의 지인 중 결혼한 사람이 있음을 대중에 광고한다. 동시에 헤나의 밤 파티에는 신부가 자신의 친구들과 친척들에게 마지막 작별 인사를 고하는 사회적 기능도 담겨 있다. 과거에는 신부가 결혼식을 마침과 동시에 남편의 집으로 출가해야 했기 때문에 신부는 그들을 좀처럼 다시 만나기 힘들었다. 장식, 광고, 사회적 의미 이외에도 일부 무슬림은 헤나가 결혼생활에 행운을 가져다준다고 믿기 때문에 헤나의식을 행하

---

* 헤나 염색은 이슬람 도래 이전 이집트와 일부 중동 지역에서 유래된 것이다(Arthur, 2000). 헤나는 붉은색을 띠는 식물에서 추출한 천연 염색제로 물과 섞어 걸쭉하게 만든 뒤 머리, 손톱, 발뒤꿈치, 손바닥 등에 바른다. 다양한 무늬로 새긴 패턴은 전통적으로 미적 표현 수단으로 사용되었다. 특히 밤에 염색하는 것이 효과가 있다는 믿음 때문에 헤나 염색은 주로 밤에 행해져 왔다. 결혼식 전 신부의 아름다움을 표현하기 위한 목적 이외에도 헤나 염색은 중동 지역 사람들에 의해 의학적인 목적으로도 이용되어왔는데, 이들은 헤나의 성분이 두통과 눈의 염증에 좋다고 믿었다. 또한 헤나가 행운을 가져다준다는 믿음 때문에 염색을 하는 경우도 종종 있다. 종교적으로는 사도 무함마드가 헤나 염색을 권장했기 때문에 행하는 사람들도 있는데, 이들은 사도가 "흰머리와 수염을 검은색이 아닌 다른 색으로 염색하라. 가장 좋은 염색은 헤나와 카툼(katam: 검은 빛깔을 내는 물질)이다"라고 권고했다고 믿는다(Kanafani, 1983: 53~57).

고 있다. 이날 하객들은 신부에게 결혼선물을 하는데, 선물로는 현금, 금으로 된 장식물, 향수, 새로운 집을 꾸밀 장식품 등이 있다. 헤나의 밤을 기념하는 행사는 1960년대 이후 완전히 사라졌다가 최근 몇 년 사이에 현대화되어 부활하고 있다. 현대화되어 부활한 헤나의 밤 예식은 크게 두 종류로 기념되고 있다.

헤나의 밤 예식에는 하나나(hanana)로 불리는 헤나를 전문적으로 그리는 사람을 대동한 헤나의 밤과 하나나 없이 기념되는 헤나의 밤 예식이 있다. 하나나 없이 행해지는 헤나의 밤 예식에는 신부의 친구들과 친척들이 모여 신부의 결혼을 축하하고 신부와 같이 어울려 노래와 춤을 춘다. 신부의 어머니는 미리 준비한 케이크, 초콜릿, 음료수를 파티 중간 중간에 하객들에게 제공한다. 이 헤나의 밤은 오로지 여성들만 위한 파티로 남성들은 참석할 수 없다. 이날 신부와 하객들은 실제로 헤나를 가지고 자신의 몸을 장식하지는 않지만 결혼식 전날 여성들만의 파티는 여전히 헤나의 밤으로 불리고 있다. 헤나를 그리는 풍습은 이집트에서는 여성의 사회참여가 증가되던 1950년대와 1960년대부터 점차 사라지기 시작했다. 헤나의 투박하고 붉은 색의 요란한 무늬가 사회생활을 하는 직장 여성 사이에서 부정적으로 인식되었기 때문이다. 따라서 전통적인 헤나의 밤 풍습은 지방에서만 그 명맥을 유지해왔다.

그러나 오늘날 하나나를 대동한 헤나의 밤 풍습은 현대화되어 신세대 젊은 여성들 사이에서 부활하는 추세이다. 하나나의 등장과 헤나의 밤 예식을 즐겁게 보내고자 하는 소비자의 욕구는 상업적인 헤나의 밤 연출을 야기했다. 현대화되고 상업화된 헤나의 밤 행사는 전문적인 쇼 기획자가 가수와 댄서, 그리고 하나나를 고용해 헤나의 밤을 기획하기도 하고, 하나나가 직접

현재 이집트에서 왕성한 활동을 하고 있는 수단 출신 헤나 아티스트와 그가 그린 헤나 문양.

가수와 댄서를 고용해 자신의 쇼를 운영하기도 한다. 상업적인 헤나의 밤 예식의 등장으로 헤나의 밤은 더 이상 남성과 여성이 격리되어 여성의 장소에만 행해지는 예식으로 머물지 않게 되었다. 상업화되고 현대화된 헤나의 밤 예식에서 남성과 여성 하객들은 한 장소에서 같이 어우러져 춤과 노래를 즐긴다. 즉 오늘날 헤나의 밤은 여성적이고 사적인 공간에서 탈피해 남성과 여성이 함께 즐기는 공공의 공간에서 기념되고 있다.

엔터테이너들의 쇼가 끝나면 헤나 염색이 시작된다. 신부와 참석한 여성들의 몸에 그려지는 헤나 장식의 패턴 또한 전통적인 투박한 방식에서 세련되고 장식적인 패턴으로 발전했다. 헤나 염색은 신부뿐만 아니라 신랑도 하는데, 이들은 자신의 손등과 발에 상대방 이름의 이니셜을 헤나로 새기며 서로의 애정을 확인한다.

## 6. 전통적인 결혼식 노래

결혼 파티에 빠질 수 없는 것이 바로 노래이다. 오늘날 이집트의 결혼식에는 전통적인 노래와 현대적인 노래, 아랍 노래와 외국 노래가 같이 어우러져 하객들의 흥을 돋운다. 현대 이집트 결혼식장에서 가장 많이 애용되는 노래는 이집트뿐만 아니라 전 아랍세계에서 활발한 활동을 벌이고 있는 이집트 출신 가수 아므르 디압(Amr Diab)이 있다. 헤나의 밤에는 신세대 젊은 이들의 취향에 맞는 노래뿐만 아니라 전통적인 노래도 애용된다. 다음은 이집트 방언으로 구전되는 결혼 관련 노래이다.

Yawmu Al-Khamis(목요일입니다)


Ya awlad baladna yawmu al-khamis,

hakutubu kitabi wa aba 'aris,

Al-da'ah 'ammah wa hatabua lammah,

Wa hayauba li fi al-bayt wa niys, ya awlad baladna,


친애하는 이웃들이여, (저의 결혼식은) 목요일이에요.

저는 그날 카튭 알 - 키탑을 행하고 신랑이 될 겁니다.

모든 사람들이 초대되는 그날은 아주 큰 행사가 될 거예요.

우리 집엔 친구들이 있답니다, 이웃들이여!


Hakutubu kitabi 'ala al-hilwah Zubah,

Wafaah alaiya min gairi khutubah,

Abuha alli liyh al-suwal, danta fi baladina jiynti al-rigal,

Ana ishutaraytak 'ashan laytk,

Kasiybu wa 'itrah wa hamshi fi baytak,

Wa 'ashan 'ayjha hataba guzuha,

Ilghali raghulak yaba rachis,

Ikutubu 'alayha yaum al-khamis,


나는 아름다운 신부 주바(Zubah)*와 카튭 알 - 키탑을 행합니다.

그녀는 약혼식 없이 저와의 결혼에 동의했어요.

그녀의 아버지는 "의심할 게 뭐 있나"라고 말했어요.

자네야말로 이 나라에서 가장 근사한 사람인데,

나는 자네의 가능성을 발견했고 자네를 선택했다네.

자네는 아주 근사하며 가족도 돌볼 수 있지 않나

자네는 내 딸의 남편이 되고 싶어 하지 않았나!

자네라면 어떤 값도 부르지 않고(혼납금 없이) 내 딸을 주겠네.

나는 목요일 날 결혼합니다.


Ha'amiluha laylah wa la kulu laylah,

Di hatauba qissah bayna kulu 'ailah,

Hagib 'awalim wa mughanni liyha,

wa al-zaffah tabua furugah yaumiyha,

Wa harshu sukar wa rihan mu'atar,

Di Zubah 'indi bidunya wa aktar,

Ha'amilu wa limah ghaliyah,

Wa iymah yaumyha haruus kaman wahayas,

Du 'indi hanai yaum al-khamis.


나는 어떤 누구도 비교할 수 없는 근사한 밤을 만들 거예요.

내 결혼식은 가족들 간 아주 큰 경사로 남을 거예요.

나는 댄서와 가수를 부를 거예요.


...............................

* 신부의 이름.

그녀에게 근사한 결혼식이 될 거예요.

나는 설탕과 향기로운 허브도 뿌릴 거예요.

저에게 주바(Zubah)의 의미는 이 세상보다 큽니다.

나는 아주 비싸고 값진 저녁을 만들 거예요.

나는 춤을 추고 그날을 기념할 겁니다.

아, 행복한 목요일!


〈야우무 알 - 카미스(Yawmu al-khamis: 목요일입니다)〉는 이슬람 문화권에서 행해지는 결혼 사실을 등록하는 카튭 알 - 키탑 예식과 결혼 피로연인 파라흐 밤을 묘사한 노래다. 이집트뿐만 아니라 금요일을 휴일로 정하고 있는 중동 이슬람 국가에서 결혼식은 전통적으로 목요일에 행해진다.

제1절은 주변 이웃을 자신의 결혼식에 초대하는 신랑의 너그러움을 표현하고 있다. 앞서 언급했듯이 중동 지역의 결혼은 이웃에게 관대함과 너그러움을 보여주는 날로 결혼식에는 모든 이웃과 친지들이 초대된다. 하객들은 남성과 여성이 분리된 공간에서 신랑 측이 준비한 음식을 먹고 초대된 연예인과 함께 가무를 즐긴다. 그러나 오늘날 결혼식이 현대화 · 상업화되면서 그 모습은 삭막해지고 있다. 호텔에서 행해지는 결혼식에 상당한 액수를 지출해야 하는 신랑 측과 신부 측은 결혼식에 드는 비용의 부담을 줄이기 위해 미리 초대하는 인원수를 제한한다. 따라서 초대받지 않은 사람의 결혼식 참석은 어색한 일이 되어버렸다. 즉 결혼의 규모와 방식은 현대화 · 서구화되어 화려해지고 세련되어졌으나 오늘날 이 지역에 계승되던 미풍양속인 관대 문화와 초대 문화는 점차 사라지는 추세이다.

제2절은 결혼에 대한 신랑과 신부, 그리고 신랑과 신부의 아버지 사이 신

뢰를 노래하고 있다. 우선 신랑과 신부 간의 신뢰는 "그녀는 약혼식 없이 저와의 결혼에 동의했어요"에 표현된다. 이는 전통적으로는 신부의 의견도 자신의 결혼 결정에 존중되어야 한다는 이슬람의 전통을 시사한다. 비록 결혼에 대한 결정은 집안의 가장인 아버지가 신부를 대신해 공표하지만 이슬람법에 따라 결혼 당사자의 입장표명도 중요한 절차로 인식된다. 일반적으로 신부가 자신의 반대 의견을 명백하게 표현하지 않는 경우를 제외하고 신부의 묵묵부답은 긍정의 의미로 간주된다. 그러나 대체로 신부가 자신의 의견을 명백하게 표현하는 것은 선호되지 않는다.

신랑과 신부 아버지 사이의 신뢰의 표현은 "의심할 게 뭐 있나…… 자네를 선택했다네"에 표현되어 있다. 여기에는 앞서 설명한 '나슈타리 라굴(nashutari ragul)' 개념이 내포되어 있다. 이슬람 문화권의 혼납금 제도인 마흐르 문제 때문에 많은 사람들은 이슬람식 결혼에서 신부가 신랑에게 돈에 팔려간다고 인식하고 있다. 그러나 실질적으로 결혼할 당시 신랑이 재정적으로 결혼할 준비가 충분히 되어 있지 않아도 신랑의 인격과 품행이 바르고 또 가정을 이끌어갈 책임감 있는 사람이라고 생각되면 "자네라면 어떤 값도 부르지 않고(마흐르 없이) 내 딸을 주겠네"라는 가사가 암시하듯 신랑의 경제적 형편은 결혼 결정에 큰 장애가 되지 않는다. 그러나 아쉽게도 서구화된 현대식 생활수준에 대한 기대로 인해 점점 높아져 가는 오늘날 중동의 이슬람 문화권에서 이러한 형태의 결혼은 점차 사라지고 있다.

제3절은 결혼식을 성대하게 치르고 싶어 하는 신랑의 포부와 결혼식과 관련된 이슬람 문화권의 체면문화를 잘 보여준다. 개인이나 가문의 체면은 친척들과 이웃들에게 보이는 결혼식 규모로 평가되기도 한다. 이를 의식한 듯 신랑은 자신의 결혼이 세세대대 인구에 회자되고 전설처럼 내려올 것을 기

대하며 신부를 위해 호화스러운 결혼식을 만들어줄 것을 약속한다.


Du Al-Mazahir(탬버린을 두드려라)


Du al-mazahir, yala, ahlu al-bayt taʻalu,

Gammaʻa wa wafau walah sadau illi allu,


탬버린을 두드려라, 가족들아!

가족들이 모이고 동의했네. 그들이 정말로 옳았네.


ʻAyn al-hasud fiyha ʻud ya halawah,

ʻAriys amar wa ʻarustuna naawah,

Wa ihna al-laylah di kidna al-aʻadi,

Wa di al-ʻariys ismu allah ʻalya husnuhu wa gamaluhu,


악마의 눈(evil eye)은 찍힐 것이다. 오! 달콤해라

신랑은 잘생겼고 신부는 순결하다네.

오늘밤 우리는 우리의 적을 무찌른다네.

신랑은 위대하고 잘생겼네.


Iydu shumuʻ wa tahnu laylah,

ʻUbaluhum kulu habayb al-ʻaylah,

Tibʻa saʻadah sukar ziyadh,

Ullu ma'aya inshaallah ya rabb yukhaliyaha la,

초를 밝혀라. 우리는 밤에 축하를 할 테니,

다음번엔 당신 차례가 되길,

행복은 지속되고 달콤함은 더해지겠네.

나를 따라 말하세요. "하나님, 신부를 보호해주세요."

〈두 알 - 마자히르(Du al-mazahir: 탬버린을 두드려라)〉의 제1절은 결혼에서
양가 합의의 중요성과 탬버린을 두들겨 이웃에게 결혼을 공표하는 이슬람
문화권의 결혼 관습을 노래하고 있다. 이슬람 문화권에서 결혼 사실을 이웃
에게 알리는 것은 무슬림의 중요한 의무 중 하나로 간주되어왔으며 이는 금
지(haram)된 것을 허용(halal)된 것으로부터 구별하는 행위이다.

제2절은 중동 이슬람 문화권 사람들이 믿고 있는 악마의 눈과 관련된 미
신을 노래하고 있다. 중동 이슬람 지역 사람들은 악마의 사악한 힘은 타인
의 행복이나 경사스러운 일과 항상 함께한다고 믿고 있다. 악마의 눈은 외
부에서 나타나는 사악한 힘이라기보다 인간의 내면에 존재하는 사악한 힘
을 의미한다. 무슬림들은 친구나 친지를 축하할 일이 있을 때 마음속 깊은
곳에 작용하는 본인도 모르는 부러움, 질투심, 그리고 경쟁심이 상대방을 불
행하게 만든다고 믿고 있다. 이 사악한 힘은 인간이 고의적으로 통제할 수
없다. 이는 인간의 의지와는 달리 독립적으로 작용하기 때문에 자신도 모르
는 사이 타인을 해한다(Wikan, 1996: 122). 따라서 악마의 부정적인 마력으로
부터 보호받기 위한 방법으로 '하나님보다 더 위대한 힘은 없다'는 의미 혹
은 '신이 원하는 것'의 의미로 '마 샤알라(ma shallah)'를 외친다. 인간의 마음

악마의 눈(Evil eyes)을 차단하는 부적들

속 깊숙한 곳에서 작용하는 질투심이나 경쟁심이 마력으로 작용하기 때문에 사람이나 사물을 칭찬하는 말 앞에는 '마 샤알라'라는 문구를 꼭 사용한다. 만일 칭찬하는 말 앞에 이 표현을 쓰지 않는다면 상대방은 곧 병을 앓거나 불행에 빠지게 된다고 믿고 있다. 젊은이, 어린 아이, 젊은 신부가 특히 악마의 눈에 표적이 되기 쉬운데, 이들은 다른 사람의 부러움을 쉽게 사기 때문이다. 따라서 아이들을 보호하기 위해 아이의 엄마는 종종 아이를 고의적으로 씻지 않고 내보낸다거나 아이에게 '당나귀'나 '추악한 아이'라는 험한 가명을 붙여주기도 한다. 신부의 경우 혼기 찬 딸을 둔 이웃집이나 친척들의 시기를 살 가능성이 많다. 이런 경우에 신부는 악마의 눈으로부터 피하기 위해 코란 구절이 적힌 목걸이를 착용한다거나 작은 코란이 들어간 통을 들고 다니기도 한다(Donaldson, 1938: 13~19).

악마의 눈과 관련된 의례는 지역문화에 따라 다양하게 나타난다. 모로코와 같은 곳에서는 다른 사람의 사악한 눈길에서 가장 빨리 벗어나는 방법은 오른쪽 다섯 손가락을 쫙 펴면서 '당신의 눈에 다섯 개'라고 말하는 것이다. 사람들은 숫자 5가 악마의 눈에서 나오는 사악한 힘을 차단한다고 믿기 때문이다(Westermarck, 1933: 27~33). 사람들은 축하할 만한 일, 새로 산 차, 집, 옷은 타인의 질투와 시기심을 자극하므로 악마의 눈이 항상 따라다닌다고 믿고 있다. 그러므로 중동 이슬람 문화권 사람들은 이를 미연에 방지하기 위해 차나 집의 내부에 다섯 손가락이나 눈을 상징하는 모양을 걸어둔다.

제3절은 결혼을 축제로 간주하기 때문에 주로 밤에 결혼 피로연을 여는 무슬림들의 전통적인 결혼식 방식을 노래한 것이다. 이슬람 지역에서 결혼은 주로 밤 10시 이후에 시작해 다음날 새벽까지 진행된다. 결혼식 피로연에는 신랑과 신부, 그리고 모인 하객들에게 오락거리를 제공하기 위해 보통 가수와 댄서, 코미디언, 밸리댄서가 초대된다. 얼마나 많은 엔터테이너가 초대되어 사람들의 흥을 돋았는지는 결혼식 후 이웃들의 인구에 회자된다.

Ya 'Asha Al-Nabi(예언자를 사랑하는 사람들)

Ya 'asha al-nabi, salu 'ala gamaluh,
Di 'arsatuhu yalabina nasnad haluhu,
Ahuwa nur gamaluha ahuwa hal hilalu,
Ya hanyiyan lili yanulaha ya haniya lahu,


예언자를 사랑하는 사람들, 그를 찬미합시다.
그의 신부가 여기 있습니다. 그녀를 신랑에게 바래다줍시다.
신부가 얼마나 아름다운지요, 마치 초승달 같군요.

그녀와 결혼하는 그는 참으로 행운남입니다.

그와 결혼하는 그녀는 참으로 행운녀입니다.


Ya amar munawar, subuhana man sawwar,

Juliet wa Safirah 'Azizah, eh, di amarna munawar,

Man shafu keda nas halwin,

Raha tatlra'i wahshah limin,


오! 밝은 달아 그녀의 창조주께 찬미를,

줄리엣과 사피라 아지자(Safirah 'Azizah)도 감히 신부의 미에 비교되지 않네요.

그녀는 우리의 아름다운 신부입니다.

누가 이처럼 아름다운 신부를 본 적이 있을까요.

아름다운 아버지와 어머니 사이에서 추녀가 태어나는 것은 불가능합니다.


Filfarah ya nas layiin, wa al-warda alsafin,

Ya salam ya hitah sukar,

'Arsatna hilwa munawar,

Ya 'aryisha yazyin maltaayit,


행복이 모든 사람 위에…… 두 줄의 장미……

오! 당신은 설탕 조각입니다.

우리의 환한 신부가 아름답군요.

당신은 아름다운 여자를 선택했군요.

'Arisik min yawmu bei malu hudumu,

Ithani bi wa ifrahi bei wa khudi illiyanubu,

Fangartu di kulluha eh, bahbuh ismu alla 'alayh,

Yubdur bialf gini tuulyish malalyim fi ayidyih.


당신의 신랑은 태어난 날부터 강건했어요.

모든 행복과 즐거움을 모으세요, 그의 것은 모두 당신 거랍니다.

신랑이 얼마나 관대하고 부유한지요. 신이시여, 그에게 축복을……

수천 파운드를 뿌리세요, 마치 그의 손에서는 동전 같군요.


〈야 아샤 알 - 나비(Ya 'asha al-nabi: 예언자를 사랑하는 사람들)〉는 결혼에 대한 중동 이슬람 지역 무슬림들의 인식을 보여준다. 이 지역 결혼문화에서 남성과 여성에 요구되는 기대치는 성에 따라 각각 다르다. 앞 장에서 설명한 바와 같이 신랑에게는 경제적 능력이, 신부에게는 아름다움과 정절이 기대된다. 이 노래의 제2절과 제3절은 신부의 아름다움을 노래하고 있다. 중동 이슬람 지역에서는 전통적으로 신부의 미가 달이나 재스민에 은유적으로 묘사되어왔다. 희고 아름다운 피부, 둥근 얼굴, 좋은 향기가 미의 기준이기 때문이다. 결혼 전 남녀가 서로를 알 기회를 충분히 가질 수 없는 중동 이슬람 문화권에서 남성의 능력과 여성의 외모를 결혼의 가장 중요한 조건으로 따지는 것은 어찌 보면 당연한 현상일 것이다. 그러나 오늘날 신세대 사이에서 전통적인 미인상은 선호되지 않고 있다. 오히려 중동 지역의 미의 기준으로 서구나 할리우드 영화에서 볼 수 있는 날씬하고 호리호리한 여성이 선호된다. 이 노래에서 한 가지 흥미로운 것은 서양에서의 미의 상징인

줄리엣이 신부의 미와 비교된다는 것이다.

제3절은 이상적인 신랑의 조건을 묘사하고 있다. 신랑은 우선 강건해야 하며 "수천 파운드를 뿌리세요, 마치 그의 손에서는 동전 같군요"에서 표현되듯 무제한으로 돈을 쓸 수 있을 정도의 경제적 능력을 갖춘 남성이 이상형으로 묘사된다.

## 7. 결혼 파티 준비와 웨딩 플래너

세계화 시대 중동 이슬람 문화권의 무슬림 신세대들은 결혼 파티를 어떻게 준비할까? 이집트에서 결혼 파티는 '파라흐(farah)' 혹은 '자파프(zafaf)'라고 불린다. 파라흐는 아랍어로 '기쁨' 혹은 '즐거움'을 의미하는 반면 자파프는 '결혼'을 의미한다. 파라흐를 마치면 신혼부부는 그동안 미루어왔던 부부 관계를 공식적으로 갖게 되며 사람들에게 진정한 부부로 인정받는다. 일반적으로 파라흐는 주말인 목요일 밤에 시작되어 다음날 새벽까지 계속 진행된다. 파라흐에 드는 비용은 그 규모와 질, 제공되는 음식, 하객들을 즐겁게 하기 위해 고용된 연예인의 수준에 따라 달라진다. 결혼식 때 고용되는 연예인은 주로 DJ, 밸리댄서, 가수, 코미디언 등이고, 전통적인 음악을 연주하며 1층 홀에서 2층 결혼식장까지 신랑과 신부의 행진을 안내하는 악대 그룹인 자파(zaffah) 밴드가 있다. 가족들은 대부분 성대한 파라흐를 준비하기 위해 애쓰는데, 파라흐의 규모는 집안의 체면과 재력을 뽐낼 수 있는 기회이기 때문이다.

신부의 날로 여겨지는 파라흐 예식을 위해 일반적으로 신랑 측보다 신부 측이 더 많이 관여한다. 전통적으로 신부는 자신의 어머니나 파라흐 준비

결혼식장에 마련된 신랑과 신부의 의자인 코샤(이집트)

경험이 있는 친구나 친척에게 조언을 구했다. 그러나 오늘날 많은 신세대 젊은이들은 그들의 결혼에 대해 호텔이나 클럽에 고용된 웨딩 플래너와 상의하며 결정하는 추세다. 호텔에서는 파라흐를 위해 다양한 패키지 상품을 제공한다. 호텔에서 제공하는 파라흐 패키지 상품으로는 파라흐 당일 날 호텔에서 무료로 취침할 수 있는 티켓, 자파 밴드, 밸리댄서, 코미디언, 웨딩 사진이나 비디오 촬영 작가, 결혼 파티를 환상적인 분위기로 만들어주는 레이저 빔과 드라이아이스로 연무를 내는 기계 설치, 각종 꽃 장식과 신랑 신부의 의자인 코샤(kosha) 등이 포함된다.

잡지 또한 결혼을 준비하는 커플에게는 유용한 상담자 역할을 한다. 국제적인 잡지 이외에도 영어로 출판되는 이집트의 국내 잡지는 신세대 젊은이

결혼에 대한 정보를 다루는
한 여성잡지(*Enigma*, 2002. 5월)

들의 취향에 맞게 다양한 정보를 제공한다. 잡지에는 각종 웨딩 플래너, 꽃
집, 메이크업, 연예인, DJ의 전화번호와 주소뿐 아니라 커플이 밟아야 할 월
별 이상적 결혼 과정에 대한 이야기가 실려 있다. 이 외에도 많은 젊은이들
이 웨딩 관련 웹사이트를 참고하며 결혼 준비를 한다. 신기술의 장점을 적
극 활용하는 젊은이들의 감각을 따라잡기 위해 오늘날 중동에서는 아랍어
로 된 다양한 웨딩 웹사이트도 생겨나고 있다.

결론적으로 결혼의 상업화와 전문적인 웨딩 플래너의 등장으로 전통적으
로 결혼 준비 과정에서 중요하게 여겨졌던 신부 어머니의 역할은 많이 감소
하고 있다. 또한 아쉬운 것은 이집트의 상업화된 결혼식의 등장으로 결혼식
은 사실상 여러 사람이 참석해 신랑과 신부를 축하하며 서로 즐길 수 있는
파티의 공간이 아니라 신랑과 신부를 하객들에게 보이기 위한 전시의 공간
이 되고 있는 점이다.

## 8. 웨딩드레스

결혼식 날 중동의 무슬림 신부도 다른 지역의 신부들처럼 흰 드레스를 입는다. 흥미로운 것은 이 지역 신부들은 결혼식 전까지 드레스를 타인, 특히 신랑에게는 보여주지 않는다는 점이다. 혹자는 결혼 전에 신랑이 신부의 드레스를 보게 되면 결혼생활에 불행이 닥친다는 미신에서 이 관습이 기인한 것이라고 설명하고, 혹자는 결혼식 날 신부의 아름다움으로 신랑을 깜짝 놀라게 하기 위해 이 관습이 유래되었다고 설명한다. 외국계 유통업 사무직으로 근무하는 26세의 달리아는 자신의 결혼식 드레스에 대한 경험을 이렇게 설명했다.

제가 웨딩드레스를 막 입었을 때 와일(그녀의 남편)이 방으로 막 들어왔어요. 저는 화장실에 들어가 숨었고 제 친구는 다행히도 그를 입구에서 막을 수 있었지요. 남편은 제가 어떤 모습이었는지 볼 수 없었어요.

일반적으로 신부는 신부의 어머니나 친구, 가족을 동반해 웨딩드레스 숍을 방문하고 자신에게 적당한 드레스를 고른다. 신랑 측에서 결혼의 모든 비용을 거의 다 부담하므로 신부는 신랑 측이 제안한 가격 내에서 드레스를 고른다. 신부가 드레스를 선택할 때 신부 개인의 취향도 반영되지만 이슬람 사회를 지배하는 도덕적인 기준과 집안의 분위기도 많은 영향을 미친다. 개방적인 집안의 신부는 유럽 또는 아랍 국가에서 패션의 선두국으로 알려진 레바논에서 수입된 비교적 몸이 많이 노출되는 스타일의 드레스를 선택하지만, 보수적인 집안의 신부는 등과 가슴을 모두 가린 보수적인 스타일의 드레스를 선택한다. 웨딩드레스의 스타일에 대해 달리아는 다음과 같이 언급했다. "웨딩드레스는 흰색이어야 하고 길어야 하며 너무 꼭 끼어서는 안 돼요…… 이슬람에서 여성의 몸이 너무 드러나서는 안 되기 때문이지요." 3년 전 결혼한 파티마라는 여성도 자신의 경험에 대해 이렇게 말했다.

> 이집트에서는 신부가 웨딩드레스를 결혼식까지 신랑에게 보여주지 않기 때문에 신랑은 신부가 어떤 스타일의 드레스를 골랐는지 잘 몰라요. 저는 등이 조금 파인 드레스를 입고 싶었죠. 그러나 남편이 보수적인 무슬림이라는 것을 알기 때문에 결국 보수적인 스타일을 선택했어요.

드레스를 선택한 신부는 결혼식 전에 드레스 숍을 다시 한 번 방문해 사이즈를 최종적으로 확인하고 드레스에 맞는 각종 액세서리를 주문한다.

### 9. 웨딩 엔터테이너: 자파(zaffah), 밸리댄서, DJ

전통적으로 이집트에서 결혼식은 축제로 간주되어왔다. 따라서 결혼식에는 신랑과 신부, 그들의 가족과 하객들을 즐겁게 할 엔터테이너들이 초대된다. 자파(zaffah), 밸리댄서, DJ 등이 오늘날 이집트 결혼식에서 가장 많이 고용되는 엔터테이너이다.

자파의 전통은 길다. 19세기 이집트를 여행하며 이집트 문화에 대해 상세히 묘사한 레인(Lane)에 따르면 양가가 결혼에 합의한 후 결혼식 전날 밤까지 다양한 종류의 자파 행진이 행해졌다고 한다. 자파의 역할은 신랑이나 신부가 이동하는 장소를 같이 동행하며 전통적인 음악을 연주하는 것이다.

이들의 음악 연주는 이웃들에게 결혼에 대한 홍보 효과를 낸다. 전통적인 자파는 그 종류가 다양하다. 여기에는 결혼식 전 신부를 목욕탕까지 동행하는 예식인 '자파 알 - 함맘(zaffah al-hammam)', 신부가 마련한 가구를 신혼집으로 들이는 과정을 동행하는 예식인 '자파 알 - 기하즈(zaffah al-gihaz)', 신부가 자신의 집을 떠나 신랑의 집에서 열리는 결혼식장으로 행하는 것을 동행하는 예식인 '자파 알 - 아루사(zaffah al-'arusa)', 신랑이 결혼식장으로 행하는 것을 농행하는 예식인 '자파 싸다트(zaffah sadaate)' 등이 포함된다. 이 중 자파 알 - 아루사는 결혼식 날 신부가 실질적으로 자신의 부모 집을 떠나 새 보금자리로 이동하는 것을 기념하는 행진으로, 신부는 무희와 음악가들을 대동한 이 행진과 더불어 신혼집으로 완전히 이동하게 된다.

자파의 기능은 무희와 악대가 연주하는 음악소리로 대중에게 결혼 사실을 알리는 것이다. 이집트에서는 근대화와 현대화 과정을 거치면서 전통적인 자파 행진은 한때 사람들에게 저급한 문화 혹은 구식이라는 취급을 받았고, 그 자취가 거의 사라졌다. 그러나 1980년대부터 '전통의 회복으로'라는 표어와 함께 등장한 이슬람 근본주의의 영향으로 옛 문화들이 부활하기 시작했고 자파도 예외가 아니었다. 오히려 부활한 자파는 신세대들의 취향에 맞게 악기와 가사를 현대화했고, 이제는 현대 이집트의 결혼문화에서 빼놓을 수 없는 중요 요소가 되었다.

현대화된 오늘날 이집트 결혼식 문화에 맞추어 자파도 변했다. 신부 집에서 신부를 데려와 신랑의 집으로 행진했던 옛 전통과는 달리 오늘날 자파는 예식 홀로 자주 쓰이는 호텔 로비 1층에서 결혼 파티가 진행될 2층 홀로 음악을 연주하며 신랑과 신부를 동행한다. 또한 이들은 예전엔 없었던 외국의 악기와 새로운 가사를 전통적인 자파 행진에 도입해 하객들에게 즐거움을

**신부의 아버지가 신부를 신랑에게 인도하기 위해 행진하는 모습**

호텔 로비에서 신부를 맞이한 신랑은 자파의 행진과 함께 신부를 데리고 다시 2층으로 행진한다.

**결혼식의 자파 행렬**

신랑 신부와 하객이 자파의 음악에 맞추어 춤을 추고 있다.

선사하고 있다. 오늘날 자파 그룹이 연주하는 가사의 내용은 결혼 하객을 환영하는 것으로 시작해 신부의 아름다움 칭송, 신부 부모에 대한 감사 표현, 신랑의 덕 칭찬, 신랑 부모에 대한 존경 표시, 커플에 대한 축복 등이 포함된다. 흥미로운 것은 자파는 대부분 여덟에서 열 명의 남자로 구성된다는 것이다. 자파 행진에 여성 무희들이 동행했던 과거와 달리 오늘날에는 여성이 자파로 활동하지 않는다. 여성들이 자파 그룹에서 배제된 이유는 이슬람에서 여성의 목소리는 환영받지 못한다는 믿음 때문이다. 이와 관련해 자파 그룹의 한 음악가는 변화된 자파에 대해 이렇게 말했다.

> 1970년대 이전에는 자파가 모두 여성이었어요. 자파를 구성한 사람들은 무함마드 알리 거리(밸리댄서와 악기로 유명한 카이로의 거리)에 있던 밸리댄서였지요. 그러나 오늘날은 대학 졸업생들이 자파 멤버를 구성하고 있고 좀 더 전문적으로 변했죠. 물론 대학 졸업자가 자파로 활동하는 데 이집트의 실업률이 많은 영향을 미쳤지만 무엇보다도 이슬람의 영향이 커요. 이슬람에서는 여성의 소리를 금지된 하람(haram)으로 간주합니다. 여성이 목소리를 높이는 것은 하람으로 간주되어 불명예스러운 것으로 여겨지지요. 그러나 남성의 소리는 괜찮습니다. 자파에서 소리를 만드는 사람들은 모두 남성이에요. 이슬람의 전통이 부활하고 있어요.

이처럼 1970년대와 1980년대 이집트에서 활발하게 일어났던 이슬람 근본주의 운동은 전통적인 이슬람 문화로의 복귀도 의미했다. 그러나 이슬람의 이름하에 부활한 전통은 과거보다 더욱 보수화되었다.

이슬람 근본주의의 영향에도 불구하고 아이러니한 것은 1970년대와 1980

년대는 무슬림들이 부도덕하게 여기는 밸리댄서가 증가했다는 것이다. 이는 그 당시 이집트가 걷던 실용주의 노선과도 영향이 있다. 실리를 추구하던 이집트는 소련 대신 미국과 서구를 향한 문호개방에 더 적극적이었고, 많은 관광객들은 이집트를 방문하기 시작했다. 이 당시 카이로의 나이트클럽은 성황을 이루었고, 관광객 유치를 위해 경쟁적으로 밸리댄서 쇼를 공연했다. 이 와중에 무슬림들은 결혼식장에서도 밸리댄서를 고용하기 시작했다. 그러나 과거 이집트 밸리댄서 무용가들이 시장을 독점하던 시대와는 달리 오늘날 이집트에는 외국인 밸리댄서가 많이 유입되고 있다. 이들은 주로 그리스와 러시아 출신 무희들로, 결혼식에도 자신들의 세계화된 춤을 선보여 현지에서 많은 무슬림들의 호응을 얻고 있다. 외국인 밸리댄서의 유입이 점점 늘어나자 현재 이집트에서는 비이집트 댄서에게 밸리댄서 자격증 부여를 금지시킬 것을 고려하고 있다. 외국인 밸리댄서의 유입으로 전통적인 밸리댄스 쇼에 새로운 의상과 도구, 새로운 동작이 가미되었다. 이는 전통적인 이집트 밸리댄스의 서구화와 세계화를 의미하기도 한다. 그러나 결혼식 파티에 밸리댄서를 고용하는 문제는 일부 신실한 무슬림들에게는 민감한 문제가 된다. 밸리댄서의 관능적이며 반(反)이슬람적인 이미지는 신성한 무슬림들의 결혼식, 특히 순결하고 순수한 신부의 이미지와는 어울리지 않다고 간주되기 때문이다.

결혼식에서 DJ를 고용하는 것도 최근에 등장한 문화이다. 이들은 결혼식 파티에서 분위기에 맞는 음악을 트는 것 이외에 결혼식 파티의 사회를 보기도 한다. DJ는 신부와 신랑이 특별히 요청한 곡을 틀기도 하고 그 당시 유행하는 외국 음악이나 이집트 대중음악을 틀면서 분위기를 돋운다. 이집트 결혼식에서 DJ를 고용하는 문화는 1980년대부터 시작되었다. 이 문화는 당시

결혼식장의 흥을 돋우는 DJ

결혼식에서 획기적이며 새로운 것을 찾는 신세대들의 아이디어에서 나왔다. 당시 신세대들의 새로운 결혼문화에 대한 반응이 폭발적이자 결혼식에서 DJ 고용은 일반화되었다. 오성급 호텔에서 결혼식 피로연의 DJ로 일하는 무스타파는 이렇게 말했다.

제가 기억하기로 하니 와흐바라는 사람이 1980년대 이집트의 결혼식에 DJ를 처음 도입한 사람입니다. 그는 AUC 학교 학생이었지요. 그가 결혼식에서 DJ로 처음으로 활동했을 때 사람들의 반응은 아주 좋았어요. 그래서 다른 사람들도 결혼식에 DJ를 고용하기 시작했고 곧 결혼식의 패션이 되었지요. 현재 이집트에서 DJ로 활동하는 사람 수는 100명 정도 됩니다.

오늘날 DJ는 오락산업의 선도자 역할을 하고 있는데 이들은 결혼식뿐만 아니라 호텔이나 클럽에서 열리는 다양한 기념일이나 아이들의 생일을 직접 주관하고 있다.

## 10. 첫날밤을 위한 신부의 몸 준비와 섹슈얼리티

부부관계를 맺는 첫날인 두쿨라 몇 주 전부터 신부는 첫날밤을 치르기 위해 몸을 가꾸기 시작한다. 19세기 이집트의 관습에 대해 묘사한 오리엔탈리스트인 레인(Lane)에 따르면 여성은 전통적으로 결혼식 전날 친구와 친척들과 함맘(hammam)이라 불리는 공중목욕탕에 갔다. 이 전통은 '자파 알 - 함맘(zaffah al-hammam)'이라고 불리는 의례적인 행사로 진행되었고, 신부와 친구들, 친지들은 악대, 가수, 댄서와 함께 흥을 돋우며 이날을 기념한다. 레인은 전통적인 자파 알 - 함맘에 대해 이렇게 묘사했다.

수요일 전날(결혼식이 월요일 밤인 경우에는 일요일에) 점심때나 오후에 신부는 목욕을 하기 위해 집을 나선다. 결혼을 위해 목욕하러 가는 의례는 **자파 알 - 함맘**(zaffah al-hammam)이라고 부른다……. 때때로 신부 행렬에 남자 두 명이 앞장서 가기도 하는데 이들은 목욕 때 필요한 그릇과 수놓은 천을 실크로 된 옷감에 싸서 원형 쟁반 위에 들고 간다……. 행렬 때 신부는 옷으로 철저히 몸을 감춘다. 일반적으로 신부는 붉은색 혹은 흰색이나 노란색 캐시미어 숄로 머리부터 발끝까지 감춘다……. 때때로 자파 악대 한 팀이 신부 두 명을 에스코트한다. 전시의 효과를 극대화하기 위해 행렬은 굉장히 천천히 진행되며 간혹 길을 돌아서 가기도 한다……. 어떤 때는 신부를 위해 목욕탕 전체를 빌리기도 하고 신부 한 명만을 위한 파티가 열리기도 한다. 이들은 몇 시간 동안 목욕탕에 머물며 몸을 씻는다. 가끔 '알메흐(Al'mehs)'라고 불리는 여자 가수들이 이들에게 유흥거리를 제공하기도 한다. 목욕이 끝나면 이들은 같은 방식으로 왔던 길을 되돌아간다. 자파의 비용은 신부가 지불하지만 연회는 신랑 측이 제공한다(1989 [1846]: 167~168).

묘사된 바처럼 과거 200년 전 행해졌던 자파 알-함맘은 신부의 몸을 청결히 하고 신부에게 향연을 제공하는 의례의 목적으로 행해졌다. 그러나 오늘날 이집트에서 자파 알-함맘의 전통은 두쿨라(합방의 날) 전날 신부가 공중목욕탕을 가는 관습으로 축소되었다. 30년 전 결혼한 한 여성은 "나는 버스를 타고 두쿨라 전날 몸을 청결히 하기 위해 대중목욕탕에 갔지요. 그 후 제모를 위해 미용실로 갔습니다"라고 언급한 바 있다.

부모 세대의 신부들이 몸을 청결히 하기 위해 목욕탕을 찾았던 것처럼 오늘날 젊은 신부들도 두쿨라 밤을 위해 몸을 가꾼다. 부모 세대에 비해 오늘날 신부들은 좀 더 세련된 방식으로 자신을 가꾸는데 이들은 호텔, 살롱, 미용실에 갖추어진 모로코식 또는 터키식 목욕탕을 찾아 마사지를 받는다. 신부들이 받는 마사지의 가격은 서비스의 종류와 재료에 따라 다양하다. 사바 알-카이르(Sabah al-khayir)라는 이집트의 한 아랍어 주간지는 상류층 여성들이 결혼식 전 피부와 몸매 관리를 위해 일류 호텔에서 수십에서 수백만 원을 지출한다고 소개한 바 있다. 일류 호텔에서는 외국에서 수입된 다양한 크림으로 신부들의 피부와 몸 관리 서비스를 제공한다(Lane, 2002: 29~31). 반면 중상류 계층의 신부들은 호텔을 찾는 대신 미용실에서 피부 관리를 받는다. 일반 미용실에서는 결혼식 준비를 하는 신부에게 머리, 화장, 제모, 피부 스케일링, 마사지, 사우나와 진흙 마사지로 구성된 모로코 스타일의 목욕 서비스를 제공하고 있다. 이 중 제모는 피부 관리의 가장 마지막 단계에서 행해진다.

이집트 여성뿐만 아니라 중동 이슬람 문화권의 여성들은 주기적으로 제모를 한다. 이는 여성성을 강조하기 위한 것이다. 이슬람 지역의 섹슈얼리티를 논한 쿠리(Khuri, 2001: 19)에 의하면 다리와 얼굴을 제모하지 않는 여성은 '남성의 형제'로 간주된다고 한다. 이슬람 문화권 여성들은 머리카락, 눈썹, 속눈썹을 제외하고 음부를 포함해 몸에 난 체모는 전부 제거한다. 여성의 체모는 타인에게 거북함과 불쾌감을 준다고 생각하기 때문이다. 오늘날 이집트 여성들은 미용실에서 체모를 제거하기 위해 설탕과 레몬을 섞어 만든 '아기나(agina)'라 불리는 끈끈한 액체를 사용한다. 얼굴의 솜털은 두 줄로 포개진 실을 서로 반대방향으로 움직여 제거한다. 신부가 두쿨라 밤을 위한 모든 준비를 마치면 집으로 돌아와 헤나의 밤 행사를 치른다.

두쿨라 밤 신랑을 위해 몸을 만드는 신부들의 노력은 이슬람 세계의 섹슈얼리티 개념에 대한 의문을 제기한다. 캐플란(Caplan, 1987)은 섹슈얼리티는 문화적으로 구성된 개념이기 때문에 각 문화에 따라 달리 이해해야 한다고 언급한 바 있다. 이슬람 문화권에서는 성에 대한 이중 잣대가 존재한다. 전통적으로 가부장제도의 사회질서와 이슬람의 종교적 교리에 따라 제도권 내에서의 성은 긍정적으로 인식되는 반면 제도권 밖에서의 성은 부정적으로 인식되고 있다. 모로코 사회의 성을 연구한 머니시(Mernissi, 1982)에 의하면 이슬람 사회에서 여성의 성은 무질서, 유혹의 수단과 동일하게 취급되며, 베드윈 사회를 연구한 아부 루그드(Abu-Lughod, 1996)에 의하면 여성의 성은 가부장 사회제도의 질서를 위협하는 수단으로 인식되고 있다. 따라서 여성의 몸과 성성, 성관계는 종교의 성스러움을 오염시키는 동시에 가부장 사회 제도를 도전하는 매체로 해석된다. 그러므로 이슬람 사회에서 여성의 몸과 성에 대해 공개적으로 토론하거나 표현하는 것은 수치스러운 일로 간주된다.

반면 결혼이라는 제도 내에서 여성의 성은 긍정적으로 인식된다. 오히려 결혼 제도 내에서 성은 권장된다. 종교적인 맥락에서도 남성과 여성은 성적으로 만족할 수 있는 권리가 주어진다. 따라서 이슬람에서는 성직자에게도 결혼이 권장되며 독신은 선호되지 않는다. 제도권 내에서 성이 권장되는 이유는 이슬람에서 성은 인간의 기본 욕구 중 하나로 인정되며, 성적 욕구와 성적 기쁨을 추구하는 것을 자연스러운 것으로 보기 때문이다(Khuri, 2001: 76). 이를 반영하듯 신부는 신혼생활 동안 입을 다양한 스타일의 란제리를 준비한다.

흥미롭게도 섹슈얼리티에 대한 이슬람의 적극적인 해석은 기독교의 섹슈얼리티에 대한 인식과 상당히 다르다. 이슬람과 기독교의 성에 대한 인식을 비교한 부디바(Bouhdiba)는 기독교에서 성의 개념을 이렇게 언급했다.

기독교에서 섹슈얼리티는 단순히 유희적인 행위는 아니다. 반대로 이는 책임과 약속이 전제된 심각한 행위이며, 감각적인 유희 이상이다. 섹슈얼리티는 신성한 맹세이다……. 기독교에서는 승화를 통해 성 욕구를 억제한다(1985: 94~100).

두쿨라 밤은 매우 개인적이고 사적인 일임에도 불구하고 아랍 지역의 결혼 관습을 토론한 일부의 문헌에서는 두쿨라의 밤을 공식적인 행사로 묘사하고 있다. 두쿨라의 밤은 신부의 처녀성과 동시에 신부 집안의 명예를 공식적으로 확인하는 밤으로, 신랑은 두쿨라 이후 수건에 묻은 신부의 첫날밤 혈흔을 모인 하객들에게 공개하기도 한다. 이집트에서 행해지는 두쿨라는 전통적인 방식으로 알려진 두쿨라 발라디(dukulah baladi)와 좀 더 세련된 방식인 두쿨라 아프란기(dukulah afrangi)라는 두 가지 방식이 있다(Singerman, 1995: 96~97; Wikan, 1996: 84). 위칸(Wikan, 1996)에 따르면 두쿨라 발라디는 신랑이나 이웃 중 나이 든 여성이 신부의 처녀막을 손가락으로 제거한 후 나온 혈흔을 수건에 묻혀 하객들 앞에 내보이는 방식으로 신부의 순결을 증명한다. 반면 두쿨라 아프란기는 신혼부부가 개인적으로 그들의 첫날밤을 보낸 후 다음날 아침 신랑이 가족들에게 혈흔이 묻은 수건을 보이는 것으로 신부의 순결을 증명하는 방법이다. 두쿨라와 관련된 이러한 전통은 그 방식이 '발라디'식이건 '아프란기'식이건 도시지역에서는 거의 사라졌다. 오늘날 이집트의 젊은이들은 혈흔이 묻은 수건 대신 간접적인 대답으로 신부의 처녀성을 가족 앞에서 확인해준다.

## 11. 첫날밤과 신부의 처녀성

중동 이슬람 지역에서 처녀성은 젠더와 섹슈얼리티와 관련된 주제로 끊임없는 논쟁거리가 되고 있다. 이슬람 사회에서 여성의 명예는 정숙함과 순결을 지킴으로써 유지되며 이를 상실했을 때 여성의 명예 회복은 영원히 불가능하다. 여성이 처녀성을 상실했을 때는 집안 남성에 의해 명예살인을 당하기도 한다(Abou-Zeid, 1965; Stewart, 1994). 린디스파른(Lindisfarne, 1994: 84)은 지중해와 중동 지역을 지배하는 여성의 처녀성에 대한 사회적 억압은 맹

목적인 숭배의 수준까지 이르렀다고 비판한다. 이슬람 사회에서 여성의 몸은 전통적으로 남성에 의해 매매되고 소비되는 개념으로 이해되기도 하는데 이는 마흐르 협상과정에서 단적으로 나타난다. 19세기 마흐르 협상과정을 묘사한 레인에 따르면 마흐르는 신부의 섹슈얼리티와 직접 관련이 있다.

> 마흐르는 반드시 주어야 한다……. 그러나 신부가 처녀인 경우는 과부나 이혼녀의 경우와는 다르다. 마흐르를 책정할 때는 재정적인 거래가 일어나는 다른 경우처럼 종종 옥신각신 논쟁이 일어난다. 와킬(wakil)을 통해 마흐르를 1,000리얄로 지정하면 상대방은 이를 600리얄로 낮춘다. 한쪽은 가격을 낮추려 애쓰고 다른 쪽은 가격을 높인다. 이들은 결국 800리얄로 합의를 본다. 일반적으로 마흐르의 2/3는 결혼계약서 작성과 함께 지불되고 나머지 금액은 이혼이나 남편의 사망과 함께 지불되기 위해 남겨진다(Lane, 1989: 163).

이처럼 여성의 처녀성 보존은 중동 이슬람 지역의 결혼에서 가장 중요하고 본질적인 요소이다. 칸델라(Kandela)에 따르면 이집트가 아랍 국가 중 처녀막 재생 수술 시행에서 중심국이 되어가고 있다고 한다(http://ejournals.ebsco.com, 1996). 처녀막이 훼손된 부유한 아랍 걸프 지역의 여성들은 결혼 시 스캔들에 휩싸일 위험을 미연에 방지하고 가족의 명예를 지키기 위해 지인이 없는 이집트로 몰려들고 있다. 처녀막 재생 수술비용의 가격은 다양한데, 그 값은 수술 장소와 수술 받는 사람의 생활수준에 따라 미화 100에서 600달러에 이른다고 한다. 수술 중 의사는 혈액의 대용품을 담고 있는 젤라틴 캡슐을 여성의 질에 삽입하고, 이것이 성관계 시 터지게 된다. 첫날밤 확인하는 신부의 혈흔으로 신랑은 신부의 처녀성을 믿게 되는 것이다.

신부의 처녀막 재생 수술에 대해 법학자들의 법 해석과 그 반응 또한 양분되어 있다. 우선 처녀막 재생 수술은 어떤 경우라도 불허된다고 주장하는 학자들은 다음과 같은 이유를 제시한다. 첫째, 한 남성과 성관계를 맺어 임신한 여성이 또 다른 남성과 관계를 가졌을 경우 태어나는 아이의 혈통을 애매모호하게 만들 수 있다. 둘째, 여성은 남편이 아닌 다른 남성에게 자신의 은밀한 곳을 보임으로써 죄를 범하게 된다. 셋째, 처녀막 재생 수술은 여성의 간음을 용이하게 만든다. 불건전한 관계를 갖은 여성들이 재생 수술에 의존할 가능성이 크기 때문이다. 넷째, 처녀막 재생 수술은 상대를 기만하는 행동으로 이는 이슬람에서는 금기된 것이다. 그러나 처녀막 재생 수술에 대해 좀 더 관대한 입장을 보이는 학자들도 있다. 이들은 만일 여성이 도덕성과 관련된 일이 아니라 실수로 처녀성을 훼손당했을 경우 그 여성은 상대의 의심을 풀기 위해 시술을 할 수도 있다는 의견을 내고 있다(http://www.islamonline.net, retrieved Jul 2002).

## 12. 나오며

세계화 시대인 오늘날 이집트의 결혼식은 세계적인 결혼문화와 지역의 전통적인 결혼문화가 혼합되는 형태로 진행되고 있다. 오늘날 이집트의 결혼식은 세계문화도 아니고 지역의 전통문화도 아닌 제3의 결혼문화로 이루어져 있다. 중동 이슬람 문화권의 전통적인 결혼은 신랑과 신부의 결혼 사실의 등록 예식인 카틉 알 - 키탑, 신부를 위한 파티인 헤나의 밤 예식, 결혼 파티인 파라흐의 순으로 진행된다. 현재 진행되는 카틉 알 - 키탑의 형식은 전통적인 형식과 큰 차이는 없다. 전통적인 결혼 등록식에서 양가는 청혼과 이에 대한 응답을 한다. 그리고 양가의 대표는 증인들이 보는 앞에서 결혼 계약서에 서명을 하며 이를 마치자마자 이웃들에게 결혼 사실을 공표한다. 마흐르는 보통 결혼계약서에 서명을 함과 함께 신랑 측에서 신부 측에 주어진다. 오늘날 진행되는 결혼 등록식도 이러한 형식이 그대로 유지된다. 다만 전통적인 카틉 알 - 키탑 예식과 현재의 예식 간에 다른 점이 있다면, 전통적인 예식에서는 남성과 여성의 공간이 분리되어 남녀 하객이 서로 같은 공간에서 결혼 축하를 하지 못했던 반면 오늘날에는 좀 더 자유로워진 사회 분위기에서 신랑 측과 신부 측 하객들은 한 자리에 모여 결혼식을 축하한다는 것이다. 일부 보수적인 집안 사람들은 여전히 남성과 여성의 공간이 분리된 예식을 선호하기도 한다.

최근 중동 젊은이들 사이에서는 비밀혼 혹은 계약혼이 유행하고 있다. 비밀혼은 공식적인 결혼등록의 절차를 따르지 않고 커플이 임의로 결혼계약서를 작성해 비밀리에 부부관계를 맺는 현대판 이집트식 동거를 지칭한다. 이 결혼계약이 합법적인지 비합법적인지에 대해 많은 토론이 진행되고 있다. 상징적인 액수의 마흐르가 신부에게 지급되고 증인이 존재함에도 불구하고 많은 사람들이 이 결혼의 형태를 비합법적이라고 여기고 있다. 커플이 결혼의 사실을 대중에게 알리지 않을 뿐만 아니라 결혼식에 신부의 후견인도 없기 때문이다. 현재 대학생 사이에서 이러한 결혼의 형태가 대중화되는 가장 큰 이유는 급격하게 치솟는 결혼 비용에 대한 부담 때문이다. 또한 젊은이들은 서양의 개방적인 성문화 유입과 보수적인 이슬람 문화 사이의 협상의 한 방법으로 우르피 결혼을 택하고 있다.

결혼문화에서 사라졌던 헤나의 밤 예식은 오늘날 젊은 신세대 여성들 사이에 전통으로의 복귀 바람과 함께 다시 부상하고 있다. 헤나의 문양은 과거 투박했던 모양에서 신세대 젊은 여성들의 취향에 맞게 세련된 문양으로 다시 태어났다. 오늘날 헤나의 밤 예식은 전문적인 가수와 댄서를 대동한 헤나 예술가인 하나나의 등장으로 좀 더 상업화되고 전문화되고 있다.

　현재 중동 이슬람 지역에서 행해지는 결혼식과 결혼 파티에는 세계문화/지역문화, 현대문화/전통문화의 다양한 요소가 서로 공존하고 있으며 동질화, 특성화, 혼성화라는 세계화의 세 패러다임이 함께 용해되어 있다. 중동의 혼인문화와 세계의 혼인문화가 동질화되는 예로는 신랑과 신부의 결혼행진, 결혼서약, 증인, 부케 던지기, 케이크 커팅식 등이 있다. 신랑과 신부의 의상 또한 세계의 다른 문화권과 비슷한데, 결혼식에서 신부는 흰 드레스를 입고 신랑은 턱시도를 입는다. 그러나 이집트의 결혼식에는 전통적으로 결혼을 축제로 간주하는 이집트의 관습에 따라 밸리댄서, 코미디언, DJ, 자파 등 다양한 전문적인 결혼 엔터테이너들이 고용되어 하객들의 흥을 돋우며 결혼을 축하한다는 면에서 다른 문화권의 결혼과 차별된다. 그 밖에도 오늘날 이집트의 결혼문화에는 신세대 젊은이들의 세계화되고 서구화된 취향에 맞추기 위해 전통문화도 아니고 외국 문화도 아닌 다양한 요소가 서로 융해되어 녹아 있고, 이는 오늘날 이집트의 결혼문화에서 세계문화/지역문화, 현대문화/전통문화가 혼성되는 현상을 초래하고 있다. 여기서 언급할 만한 사실은 리처(Ritzer)가 말한 바처럼 세계화에는 동질화와 혼성화의 요소가 항상 공존하고 있으며(2000: 177), 한 지역의 결혼문화는 사람들의 취향, 기대감, 글로벌 트렌드에 부응하기 위해 계속적으로 변한다는 것이다.

# 용어 설명

'aqd al-nikah (아끄드 알 - 니카)   katb al-kitab (카틉 알 - 키탑)과 같은 말로, 결혼등록 예식을 뜻한다.

aymah (아이마)   결혼을 위해 부부가 각자 준비한 물품을 적어놓은 품목으로, 각 품목 옆에는 물건의 가격이 시세로 적혀 있다. 이혼 시 부인은 자신이 준비한 물품에 대한 소유권을 주장할 수 있다.

farah (파라흐)   결혼식 피로연. 결혼 등록(카틉 알 - 키탑)을 마쳤어도 파라흐를 하지 않으면 신혼부부는 공식적으로 부부관계를 가질 수 없다. 아랍어로 파라흐는 기쁨, 즐거움이라는 뜻이다. 결혼식 피로연을 일컫는 다른 말로는 자파프(zafaf)가 있다.

gamaiyah (가마이야)   사전적 의미는 '연합'을 뜻하는데 여기에서는 돈을 모으기 위한 계의 의미로 쓰인다.

halal (할랄)   허용된 것

haram (하람)   금지된 것

'idda (잇다)   여성이 이전 결혼관계가 해체된 후 다음 결혼 전까지 두어야 하는 결혼 대기 기간으로, 이 기간 동안 전 결혼에서 발생했을지 모를 임신 유무를 확인한다.

infitah (인피타흐)   1970년대 사다트 정부 시절 시행되었던 정치와 경제 개방정책을 지칭한다.

'ird (이르드)   여성의 명예. 남성의 명예인 샤라프(sharaf)와 비교되어 쓰이며 여성의 순결, 정조의 보호를 통해 얻을 수 있다.

laylah al-dukuhla (라일라 알 - 두쿨라)   직역하면 '삽입의 밤'이라는 뜻. 결혼을 완성할 날로, 신랑과 신부가 합방하여 부부관계를 처음 맺는 날 밤을 말한다. 결혼 등록 예식인 카틉 알 - 키탑이 끝나면 양가에서 이날을 결정한다.

laylah al-hennah (라일라 알 - 헤나)   헤나의 밤

mahr muqqadam (마흐르 무까담)  선불 혼납금을 의미하며 결혼 전에 신랑이 신부 측에 지불한다.

mahr muwakhar (마흐르 무와카르)  후불 혼납금을 의미하며 이혼이나 남편의 사망 시, 즉 부부관계의 와해 시 남편이 아내에게 지불한다.

mahram (마흐람)  보호자. 아랍어로는 '금지된' 혹은 '결혼할 수 없는 친척'의 뜻으로, 본문에서는 보호자의 의미로 쓰였다.

maudhun (마우준)  결혼식을 진행하고 결혼 사실을 법원에 등록하는 일을 하는 사람으로, 이슬람의 결혼에는 마우준이 꼭 필요히디.

nashutari ragul (나슈타리 라굴)  이집트 방언으로 '우리가 남자를 산다'는 뜻으로, 이집트의 결혼 형태 중 하나. 남자 혹은 그 집안이 형편이 어려워 마흐르를 비롯한 남성의 의무를 행할 수 없어도 경제력보다 그 남자의 미래 혹은 됨됨이만 보고 딸을 결혼시키는 경우이다.

misyar (미스야르) 결혼  '이동하는', '여행하는'의 뜻으로, 부부가 지속적인 동거를 하지 않는 결혼 형태. 사우디아라비아에서 여성이 나이가 들어 정상적으로 결혼을 할 수 없을 때 보통 여성들은 미스야르 결혼을 택한다.

mut'ah (무타) 결혼  무타는 아랍어로 '기쁨', '향유'란 뜻으로, 이란에서 유행하는 계약혼을 일컫는 말이다. 부부가 결혼계약의 기간을 정해놓는 점이 무타 결혼의 특징이다.

nasiib (나십)  '운명'이라는 뜻으로, 이는 본문에서 결혼 상대자를 지칭한다. 무슬림들은 알라 신이 모든 사람에게 배우잣감을 정해주었다고 믿는다.

kalam al-nas (칼람 알 - 나쓰)  사전적 의미는 '사람들이 하는 말'로 주로 이웃에 떠도는 소문을 의미한다.

katb al-kitab (카틉 알 - 키탑)  결혼 등록 예식으로 우리나라의 결혼식과 동일. 예식을 마치면 결혼을 진행한 마우준이 결혼계약서를 가지고 커플의 결혼 사실을 정부에 등록한다.

khatba (카뜨바)  결혼 중매인

khul'u (쿨루)  여성의 이혼 제기권으로, 여성이 이혼을 제기할 경우 그 여성은 후불 혼납금(마흐르)을 비롯한 각종 재산권은 표기해야 한다.

khutubah (쿠투바)  약혼식

kosha (코샤)   신부와 신랑이 결혼 파티 때 앉는 꽃으로 장식된 의자. 결혼식 때 코샤를 쓰는 전통은 군사혁명 전에 있었던 이집트 왕가의 결혼식에서 유래한 것이다.

salah istikharah (살라 이스티카라)   선택의 순간에 하나님께 바치는 기도를 의미한다. 결혼에서는, 결혼을 결정하기 전에 그 상대자가 자신에게 운명적인 배우잣감인지 바른 선택을 간구하기 위해 드리는 기도를 의미한다.

shabkah (샵카)   신랑 측이 신부 측에게 주는 결혼 예물

sharaf (샤라프)   남성의 명예를 지칭하며 보통 남성의 관대성, 용맹성, 자비성을 뜻한다. 자신의 부족에 속한 여성을 보호하는 것도 남성의 명예를 지키는 한 방법이다.

syghah (시가)   '형식'이라는 뜻. 결혼관계가 성립되기 위해 신랑 측이 청혼하고 신부 측 후견인인 왈리가 청혼에 응답하는 절차를 말한다.

talaq (딸라끄)   사전적 의미는 '매듭을 풀다'라는 뜻으로, 결혼 당사자의 혼인상태가 와해됨을 뜻한다.

talbis dibla (탈비스 디블라)   '반지를 낀다'는 뜻으로, 본문에서는 약혼식을 뜻한다.

'urfi (우르피) 결혼   사전적 의미는 관습혼을 지칭하지만 오늘날은 이집트에서 젊은 세대들이 행하는 비밀혼 혹은 동거혼으로 이해되고 있다.

wali (왈리)   신부의 후견인. 신부를 대신해 신부의 결혼 의사를 표현한다. 일반적으로 신부의 아버지가 왈리가 되고, 아버지의 부재 시 신부의 삼촌이나 오빠가 이 역할을 하기도 한다.

zafaf (자파프)   아랍어로 결혼이라는 뜻으로, 주로 결혼 피로연을 뜻한다.

zaffah (자파)   남성 악대 그룹으로, 결혼식 날 전통 음악을 연주하며 신랑과 신부의 행진을 돕는다.

zaghrada (자그라다)   여성들이 기뻐하거나 축하할 일이 있을 때 혀를 움직여 내는 독특한 소리. 결혼식에 참석한 여성 하객들이 보통 이 소리를 낸다.

# 참고문헌

## 국내서

김정위. 2001. 『이슬람입문』. 서울: 한국외국어대학교 출판부.

정진농. 2003. 『오리엔탈리즘의 역사』. 서울: 살림출판사.

조희선. 2005. 『무슬림 여성』. 서울: 명지대학교 출판부.

월비, 실비아(Sylvia Walby). 1990. 『가부장제 이론』. 유희정 옮김. 서울: 이화여자대학교 출판부.

최영길 역. 2003(H.1417). 『성꾸란: 의미의 한국어 번역』. 사우디아라비아: 파하드 국왕 성꾸란 출판청.

사이드, 에드워드(Edward Said). 1991. 『오리엔탈리즘』. 박홍규 옮김. 서울: 교보문고.

## 서양서

Abaza, Mona. 2001a. "Shopping Malls, Consumer Culture and the Reshaping of Public Space in Egypt." in *Theory, Culture and Society*. London, Thousand Oaks and New Delhi: SAGE publication. Vol. 18, no. 5.

_____. 2001b. "Perceptions of '*Urfi* Marriage in the Egyptian Press." *ISIM Newsletter* (International Institute for the Study of Islam in the Modern World) Leiden. No.7.

Abdalla, Ahmed. 1999. "The Egyptian National Identity and Pan-Arabism: Variations and Generation." in Roel Meijer(ed.). *Cosmopolitanism, Identity and Authenticity in the Middle East*. Surrey: Curzon Press.

Abu-Lughod, Lila. 1996. *Veiled Sentiments: Honor and Poetry in a Bedouin Society*, 2nd ed. Cairo: The American University in Cairo Press.

Abou-Zeid, Ahmed. 1965. "Honour and Shame among the Bedouins of Egypt." in J. G. Peristiany(ed.). *Honour and Shame: The Values of Mediterranean Society.* London: Weidenfeld and Nicolson.

Ahmed, Leila. 1992. *Women and Gender in Islam: Historical Roots of a Modern Debate.* Yale University Press: New Haven.

Al-Kassir, Maliha Awni. 1991. "The Family in Iraq", in Man Singh Das(ed.). *The Family in the Muslim World.* New Delhi: M.D. Publications Pvt. Ltd.

Al-Mughni, Haya. 2001. *Women in Kuwait: The Politics of Gender.* London: Saqi Books.

Alterman, Jon B. 2000. "Egypt: Stable, but for How Long?", *The Washington Quarterly*, Vol. 23. No. 4.

Amin, Galal. 1989. *"Migration, Inflation and Social Mobility,"* in Charles Tripp and Roger Owen(eds.). *Egypt under Mubarak.* London and New York: Routledge.

Amin, Qasim. 1995. *The New Women: A Document in the Early Debate on Egyptian Feminism.* translated by Samiha Sidhom Peterson. Cairo: The American University in Cairo Press.

Antoun, Richard T. 1972. *Arab Village: A Social Structural Study of a Trans-Jordanian Peasant Community.* Bloomington and London: Indiana University Press.

Barakat, Halim. 1985. *"The Arab Family and the Challenge of Social Transformation,"* in Elizabeth Warnock Fernea (ed.). *Women and the Family in the Middle East: New Voices of Change.* Austin: University of Texas Press.

Barlas, Asma. 2002. *"Believing Women" in Islam: Unreading Patriarchal Interpretations of the Qur'an.* Austin: University of Texas Press.

Basyouny, Iman Farid. 1997. *"Just a Gaze": Female Clientele of Diet Clinics in Cairo: An Ethnomedical Study.* Cairo Papers in Social Science, Vol. 20, Monograph 4. Cairo: The American University in Cairo Press.

Bouhdiba, Abdelwahab. 1985. *Sexuality in Islam.* translated by Alan Sheridan. London: Routledge and Kegan Paul.

Burckhart, John Lewis. 1972. *Arabic proverbs: The Manners and Customs of the Modern Egyptians, illustrated from their proverbial sayings current at Cairo*, 3rd ed.

translated and explained by John Lewis Burckhardt; introduction by C. E. Bosworth. London: Curzon Press.

Caplan, Pat. 1987. "*Introduction*," in Pat Caplan(ed.). *The Cultural Construction of Sexuality.* London and New York: Routledge.

Donaldson, Bess Allen. 1938. *The Wild Rue: A Study of Muhammadan Magic and Folklore in Iran.* London: Luzac & Co.

Douglas, Mary, and Baron Isherwood. 1996. *The World of Goods: Toward an Anthropology of Consumption.* 2nd ed. London and New York: Routledge.

El-Alami, Dawoud S. 1992. *The Marriage Contract in Islamic Law in the Shari'ah and Personal Status Laws of Egypt and Morocco.* London: Graham & Trotman Ltd.

El-Kholy, Heba. 2000. "A tale of two contracts: Towards a situated understanding of 'women interests' in Egypt," in Cynthia Nelson and Shahnaz Rouse(eds.). *Situating Globalization: Views from Egypt.* London: Transaction Publishers.

El-Saadawi, Nawal. 1980. *The Hidden Face of Eve.* London: Zed Press.

El-Said, Yasmine. 1993. *Marriage via a mediator: An exploratory Descriptive Study.* unpublished MA thesis. Cairo: American University in Cairo Press.

Ferna, Elizabeth W. & Basima Q. Bezirgan(eds.). 1977. *Middle Eastern Muslim Women Speak.* University of Texas Press.

Haeri, Shahla. 1989. *The Law of Desire: Temporary Marriage in Iran.* London: I. B. Tauris.

Hall, Stuart. 1995. "New Cultures for Old," in Doreen Massey and Pat Jess(eds.). *A Place in the World: Places, Cultures and Globalization.* Oxford: Oxford University Press/Open University Press.

Hijab, Nadia. 1988. *Womanpower: The Arab Debates on Women at Work.* Cambridge: Cambridge University Press.

Hinnebusch, Raymond A. 1982. "Political Attitude of the Westernized Bourgeoisie in Contemporary Egypt." *The Middle East Journal,* Vol. 36, No. 4.

_____. 1990. "The formation of the contemporary Egyptian state from Nasser and Sadat to Mubarak." in Ibrahim M. Oweiss, ed., *The Political Economy of*

*Contemporary Egypt*. Washington: Center for Contemporary Arab Studies.

Hitti, Philip K. 1961. *The Near East in History: A 5000 Years Story*. Princeton: D. Van Nostr and Company.

Holton, Robert J. 1998. *Globalisation and The Nation-State*. Palgrave Macmillan.

Howes, David. 1996. "Introduction: Commodities and Cultural Borders," in David Howes(ed.). *Cross-Cultural Consumption*. London: Routledge.

Ibrahim, Saad Eddin. 1987. "A Sociological Profile," in Abdulaziz Y. Saqqaf(ed.). *The Middle East City: Ancient Traditions Confront a Modern World*. New York: Paragon House Publishers.

Inhorn, Marcia Claire. 1996. *Infertility and Patriarchy: the Cultural Politics of Gender and Family Life in Egypt*. Philadelphia: University of Pennsylvania Press.

Joseph, Suad. 1999. "Introduction: Theories and Dynamics of Gender, Self, and Identity in Arab Families," in Suad Joseph(ed.) *Intimate Selving in Arab Families: Gender, Self, and Identity*, Syracuse: Syracuse University Press.

Kanafani, Aida S. 1983. *Aesthetics and Ritual in the United Arab Emirates: The Anthropology of food and personal adornment among Arabian Women*. Beirut: American University of Beirut.

Kandiyoti, Deniz. 1991. "Islam and Patriarchy: A Comparative Perspective," in Nikkie R. Keddie and Beth Baron(eds.). *Women in Middle Eastern History: Shifting Boundaries in Sex and Gender*. New Haven and London: Yale University Press.

Khan, Maulana Wahiduddin. 1995. *Woman in Islamic Shari'ah*. The Islamic Center, New Delhi.

Khuri, Fuad. 2001. *The Body in Islamic Culture*. London: Saqi Books.

Lane, Edward Williams. 1989. *An Account of the Manners and Customs of the Modern Egyptians: Written in Egypt During the Years 1833-1835*. The Hague and London: East-West Publications.

Lindisfarne, Nancy. 1994. "Variant Masculinities, Variant Virginities: Rethinking 'Honour and Shame'," in Andrea Cornwall and Nancy Lindisfarne(eds.) *Dislocating Masculinity: Comparative Ethnographies*. London and New York: Routledge.

McCracken, Grant. 1990. *Culture and Consumption: New Approaches to the Symbolic Character of Consumer Goods and Activities.* Bloomington and Indianapolis: Indiana University Press.

MacLeod, Arlene Elowe. 1991. *Accommodating Protest: Working Women, the New Veiling and Change in Cairo.* New York: Columbia University Press.

Mernissi, Fatima. 1982. "Virginity and Patriarchy," in Azizah Al-Hibry(ed.) *Women and Islam.* Oxford: Pergamon Press.

Mir-Hosseini, Ziba. 1992/1993. "Paternity, Patriarchy and Matiifocality in the Shari'a and in Social Practice: The Cases of Morocco and Iran," in *Islamic Family Law: Ideals and Realities*, Vol. 16, No. 2, Special Issue, Department of Social Anthropology, Cambridge University.

Moghadam, Fatemeh E. 1994. "Commoditization of Sexuality and Female Labor Participation in Islam: Implication for Iran, 1960-90," in Mahnaz Afkhami and Erika Friedl(eds.). *In the Eyes of the Storm: Women in Post-Revolutionary Iran.* London: I. B. Tauris and Co Ltd.

Nelson, Cynthia. 1974. "Public and Private Politics: Women in the Middle Eastern World." *American Ethnologist* 1.

_____. 1991. "*Old Wine, New Bottles: Reflections and Projections Concerning Research on Women in Middle Eastern Societies*". E. L. Sullivan and T. Y. Ismael(eds.). *The Contemporary Study of the Arab World.* Edmonton: University of Alberta Press.

Owen, Roger, and Sevket Pamuk. 1998. *The history of Middle East Economies in the Twentieth Century.* London: I. B. Tauris Publishers.

Pitt-Rivers, Julian. 1977. *The Fate of Shechem or the Politics of Sex: Essays in the Anthropology of the Mediterranean.* Cambridge: Cambridge University Press.

Peristiany, J. G. 1965. "Introduction," in J. G. Peristiany(ed.). *Honour and Shame: The Values of Mediterranean Society.* London: Weidenfeld and Nicolson.

Posusney, Marsha Pripstein, and Eleanor Abdella Doumato. 2003. "Introduction: The Mixed Blessing of Globalization," in Eleanor Abdella Doumato and Marsha

Pripstein Posusney(eds.). *Women and Globalization in the Arab Middle East: Gender, Economy, and Society*. London: Lynne Rienner Publishers,Inc.

Rassam, Amal. 1980. "Women and Domestic Power in Morocco," *International Journal of Middle East Studies*, Vol. 12, Issue 2, September. Cambridge University Press.

Ritzer, George. 2000. *The McDonaldization of Society*. California: Pine Forge Press.

Singerman, Diane. 1995. *Avenues of Participation: Family, Politics, and Networks in Urban Quarters of Cairo*. Princeton: Princeton University Press.

Stewart, Frank Henderson. 1994. *Honor*. Chicago: University of Chicago Press.

Stewart, Dona J. 1999. "Changing Cairo: The Political Economy of Urban Form." *International Journal of Urban and Regional research*, Volume 23, Number 1 (March), http://ejournal.ebsco.com.

Uthman, Sheikh Muhammad Rif'at. 1995. *The Laws of Marriage in Islam*, translated by Aisha Bewley. London: Dar al-Taqwa Ltd.

Welsch, Wolfgang. 1999. "Transculturality: The Puzzling Form of Cultures Today," in Mike Featherstone and Scott Lash(eds.). *Space of Culture: City, Nation, World*. London: SAGE Publications Ltd.

Westermarck, Edward. 1933. *Pagan Survivals in Mohammedan Civilisation: Lectures on the Traces of Pagan Beliefs, Customs, Folklore, Practices and Rituals Surviving in the Popular Religion and Magic of Islamic Peoples with Addition of Critical Notes, References and an Index*. Amsterdam: Philo Press.

Wikan, Unni. 1996. *Tomorrow, God Willing: Self-Made Destinies in Cairo*. Chicago: London: The University of Chicago Press.

Yoshino, Kosaku. 1992. *Cultural Nationalism in Contemporary Japan*. London and New York: Routledge.

Zankowski, James. 2000. *Egypt: A Short History*. Oxford: One World.

## 웹자료

Arthur, Lisa. 2000. "Henna Salon", *Arts & Activities*, Vol. 127, Issue (5 June 2000), http://ejournals.ebsco.com.

Kandela, Peter. 1996. "Egypt's Trade in Hymen Repair", in *The Lancet.* Vol. 347, Issue. 9015, http://ejournals.ebsco.com.

"UNDP *Report*" Retrived February 1, 2007, from http://www.undp.org.eg/profile/egypt.htm

http://www.islamonline.net.

"Divorcing One's Wife via E-Mail or Cell Phone Text Message," Retrieved May 21, 2002, from http://www.islamonline.net.

"Fathers Demanding Skyrocketing *Mahr* for their Daughters," Retrieved November 13, 2001, from http://www.islamonline.net.

"Hymen Repair Surgery," Retrieved Jul 2002, from http://www.islamonline.net.

"Marriage Contract via the E-Mail," Retrieved April 24, 2002, from http://www.islamonline.net.

"Marriage through the Internet," Retrieved February 4, 2001, from http://www.islamonline.net.

"Misyar Marriage from an Islamic Perspective," Retrieved June 22, 2002, from http://www.islamonline.net.

"Mut'ah Marriage", Retrieved June 18, 2001, from http://www.islamonline.net.

"Valentine's Day from an Islamic Perspective," Retrieved February 15, 2003, from http://www.islamonline.net.


Local Magazines and Newspapers

Caravan (AUC Weekly Newspaper), "Local Valentine Not Remembered",14 November 2001, (The American University in Cairo).

Cleo: Egypt's Modern Lifestyle Magazine, January 2002.

Enigma, May 2002 & September 2001.

*Sabah al-khayir.* 2002. "Al-Ward wa al-Kushah Ya Di al-Huusah! (Rose and Kusha, How messy!)", June: No. 2424.

# 찾아보기__인명

지은이__ 엄 익 란

1997년 명지대학교 아랍어과를 졸업하고 2000년 한국외국어대학교 국제지
역 대학원에서 중동·아프리카 지역학을 전공한 뒤 2004년 영국 University
of Exeter에서 중동학 박사학위를 받았다. 현재는 명지대학교에 출강하며
중동 이슬람 문화권과 관련된 다양한 연구를 수행하고 있다.

한울아카데미 998
## 이슬람의 결혼문화와 젠더

엄익란 ⓒ, 2007

지 은 이 ㅣ 엄 익 란
펴 낸 이 ㅣ 김 종 수
펴 낸 곳 ㅣ 도서출판 한울
편집 책임 ㅣ 김 경 아

초판 1쇄 인쇄 ㅣ 2007년 12월 21일
초판 1쇄 발행 ㅣ 2007년 12월 31일

주소 ㅣ 413-832 파주시 교하읍 문발리 507-2(본사)
     121-801 서울시 마포구 공덕동 105-90 서울빌딩 3층(서울 사무소)
전화 ㅣ 영업 02-326-0095, 편집 02-336-6183
팩스 ㅣ 02-333-7543
홈페이지 ㅣ www.hanulbooks.co.kr
등록 ㅣ 1980년 3월 13일, 제406-2003-051호

Printed in Korea.
ISBN -978-89-460-3850-9 93330

* 가격은 겉표지에 표시되어 있습니다.

이 저서는 2006년 정부(교육인적자원부)의 재원으로 한국학술진흥재단의 지원을
받아 출판되었음(KRF-2006-814-B00012).
This work was supported by the Korea Research Foundation Grant funded
by the Korean Government(Ministry of Education & Human Resources
Development)(KRF-2006-814-B00012).